# 情報銀行のすべて

株式会社NTTデータ
花谷昌弘
株式会社NTTデータ経営研究所
前田幸枝
［編著］

ダイヤモンド社

# はじめに

ある日曜日の午後、私の携帯電話が鳴った。0120で始まる番号で、もしかすると予約をしていた居酒屋からの確認かと思い、その電話を取った。

「○○さんのお電話でよろしいですか？」

相手は、私とわかって電話をかけてきている。そして、投資に関する話、節税に関する話を始めようとした。私は、

「なぜ、あなたは私の携帯電話番号を知っているのですか？　私はあなたの会社に電話番号を知らせた覚えはありません」

と、相手に告げると、相手は慣れた口調でこう言った。

「はい、○○さんは、あるキャンペーンで、個人情報の開示に同意されています。私たちは、その開示対象として、情報の提供を受けています」

おそらくそのまま鵜呑みにするには、怪しいのかもしれないが、確かに過去に何回かキャンペーンに応募して、旅行だったり、車だったりを当てるために、住所や電話番号などを提供していた記憶はある。そのとき、個人情報取扱規定をきちんと読まなかったので、どこに提供されているかは把握できていない。いや、仮に読んでいたと

しても、企業名が明記されていることは珍しく、「同等の個人情報取扱に関する契約を結んだ第三者」として、事実上、どこに情報提供されているかわからないのである。

そして、もっと都合の悪いことに相手は、電話番号だけではなく、世帯収入、住所、家族構成、勤務先などの情報も持っているかもしれない。だとすると、ここでこちらが変な態度に出ると、私の知らない企業から一方的に嫌がらせだの迷惑行為だのをされてしまうかもしれない。SNSにあることないこと書き込まれるとか。

電話を聞きながら、そんなことが頭を駆け巡り、背筋が寒くなる思いをしながら、丁重にお断りをした。なぜ一方的に私の時間を使おうとした企業に、こんなに丁寧な対応をしなければならないのかと、理不尽に思いながらも。

このような経験は、ほとんどの人が、大なり小なりしているはずだ。個人情報保護に関して、多少の知識があるわけではない人だとしても、なんとなく気持ち悪いという気持ちになるだろう。あるいは、はっきり気分を害する経験になるのかもしれない。

その一方で、フェイスブックやインスタグラムなどのソーシャル・ネットワーク・

サービス（以下、ＳＮＳ）には、どこで何を食べたか、どこに行ったか、何をしているのかまで、事細かに記載する人もいる。顔写真をつけてまで。このような情報を総合すれば、このユーザーの家族や持ち主が今は家にいないこと、遠くにいて、しばらくは帰ってこないことなどが明らかになり、空き巣に入ろうと考える輩が出てきても不思議ではない。現に日本でも、ＳＮＳに上げた不在情報から空き巣事件が発生するに至っている（２０１９年５月４日　高須クリニック院長宅空き巣事件）。

個人情報を誰かに知られていることをうすら寒く感じる一方で、自ら積極的に、個人情報を開示する。今の世の中は少し矛盾をはらんでいるように思える。こうした世の中の動きの中で、どのようにすれば安全に、個人にとって便利なように個人情報を流通、活用していけるのか、ということは大きな命題であると考える。だからといって、個人情報を流通させるべきではない、データに基づく経済活動をすべきではないとまでいうのは、かなり時代錯誤な印象を持つ。もう、そういう世界に戻れる状況ではないくらいまで、データというものは、私たちの生活の中に浸透している。

本書では、なぜ、パーソナルデータの流通・活用が必要になるのか、日本や世界が、パーソナルデータの流通・活用に対して、どのような準備を進めているのか、それぞれの国の検討状況について説明していく。


個人情報を活用する世界というのは、そのように危なっかしい、気味の悪いだけのものなのだろうか。私はそうではないと信じている。かつて、トム・クルーズが主演した映画「マイノリティ・リポート（2002年公開）」の中では、個人の虹彩情報を読み取り、目の前のデジタル・サイネージ（画面に映像などで情報を提供する掲示板。主に、広告や案内などが流される）に、その人に特化した情報が提供されていた。

「〇〇さん、今年の夏は、ご家族そろって、フランスへワインを楽しむツアーに行かれてはいかがでしょうか？」

「△△さん、予約していた新幹線がn番ホームに到着しました。この道をまっすぐ進み、突き当たりのエスカレーターを上がり、ホームに向かってください」

といった具合に、一瞬でこちらの情報を読み取り、適切な情報を返してくる。これは、映画の世界で未来の話、というわけではない。多くの人のスマートフォンには、すでに似たようなアプリが入っていて、お店に近づくと、クーポンコードを送ってきたり、あなたの買った切符の時刻に合わせて、通知が飛んできたりしているはずだ。もちろん、その裏では自分に関する情報を店側に提供しているから、自分にぴったりのサービスが提供されるわけである。本来、個人情報を提供するということは、プレゼントに当たりたいからとか、ポイントがもらえるからということで行うのではなく、このように自分のための自分に特化されたサービスを受けるために行うものであるべきである。

しかし、現時点では「自分のための自分に特化されたサービス」は、現実には提示されていない。様々な企業が、情報銀行ビジネスという枠組みの中で、どのようなサービスが受け入れられるのか、今、まさにしのぎを削って検討している。パーソナルデータが流通・活用される世界においては、個人が中心となって企業との関係を構築する時代になっていくのではないかと考えられる。

本書では、どのようなユースケースが考えられており、実現されようとしているのかについても触れていきたい。

パーソナルデータの流通・活用が進むと、どのような世の中になっていくのだろうか？　個人から情報を提供してもらい、企業がそれに対応する商品・サービスを提供するという世界は、これまでの世界の精緻化というか、改善にすぎない。その先では、個人対個人のビジネスが当たり前になっていくと思われる。すでにＵｂｅｒ（ウーバー）という企業が、車を持ち時間もある個人と、車を持っていないが利用したい個人を結び付けるサービスプラットフォームを提供している。また、日本では民泊と言われるが、個人が自分の家の一室だったり、別荘だったりを、旅行者に提供するＡｉｒｂｎｂ（エアビー・アンド・ビー）という企業も存在する。そのほかにも、家事代行やペットの世話、語学レッスンなど、隙間時間と自分のスキルを活用するようなプラットフォームであるＡＮＹＴＩＭＥＳ（エニタイムズ）という企業も存在する。

これらの企業が目指すのは、個人がそのスキル、経験を存分に活用できるようになる社会であり、むしろ企業に属さずに自分らしく生きていくためのプラットフォームである。このようなことが実現する社会において、人は企業というものに縛られず、自分の時間、自分の才能を自分で管理して生きていくことになる。もはや、パーソナルデータのマネジメントだけではなく、自分自身のマネジメントを自分が行うセルフプロデュース、セルフマネジメントの世界である。Me to B、Me to Cと言われる世界である。

まずは、現在のパーソナルデータの流通・活用の課題と解決策を提示しながら、その先の未来についても考えていきたい。

本書は、次のような人たちに向けて書かれている。

・情報銀行について詳しく知りたい人
・自分の情報がどのように流通し、使われていくのか不安に思う人
・企業において、パーソナルデータを活用して新しいビジネスを考えていく立場の人
・自分のスキル、経験を生かして働きたいと考えている人
・地域において、経済の活性化を考えている人

少しターゲットが広くなり、焦点がぼけてしまうのではないかと心配しながらも、皆

さんにご理解いただかないと社会は変わらないと思うため、幅広く丁寧に、考えていきたい。本書は、そういう読者のお役に立てることを祈って、執筆した。

2019年初秋

花谷昌弘

# 情報銀行のすべて

目次

## 第2章　パーソナルデータ流通・活用をめぐる国内動向　41

第3章

# パーソナルデータ流通・活用をめぐる海外動向

第1章

# 情報銀行とは何か

本章では、パーソナルデータの流通・活用のあり方として、議論が深まりつつある情報銀行の概念と背景について、その内容を詳しく解説していく。

## データは誰のものか

私（花谷）は、数年前に、中学生の娘の学校で父兄のソフトボールチームを作り、地域のリーグ戦に参加していた。

ある日、夏季大会の練習を行った。その日はとても調子がよく、いつも以上に、頭の方は、「体が動くのではないか」と思っていた。そして、練習が一段落するタイミングで、外野の守備位置にいた私は、ホームベースに返球を試みた。その時である。

「バキッ！」

という音がして、右腕が垂れ下がった。はじめは、脱臼をしたのかなと思っていたが、右腕の動き方がおかしい。慌てて救急車を呼んでもらい、病院へと向かった。病院で診察を受けると、右腕は折れていた（あとで教えられたのだが、「投球骨折」と呼ばれるもので、よほどの剛腕でないとならないものらしい)。

手術を行い縫合ができたところで、地元の病院へ転院することになった。新たに通う近所の病院では、「骨折した当時のレントゲン写真を持ってきてほしい」ということで、もともと通っていた病院から、画像をもらってきた。保険適用外となって、安くないお金を支払った。

そこで、ふと思った。なぜ、自分のレントゲン写真であるのに、お金を払ってもらってこなければならないのか? もちろん、ある程度の実費は必要だろう。しかし、そもそも、その分のお金は、診療費の中に技術料として入っているのではないか? だとしたら、それを流通させるのは、手数料レベルでよいのではないかと思ったのである。

私の場合は、骨折した時点のレントゲン写真だったので、再撮影はできなかった。だが、そうではない症例の場合、前の病院で撮ったレントゲン写真の複製費用が高いなら、もう一度撮り直すと考える人が出てきてもおかしくない。その場合は、同じ画像に、2回も健康保険組合などから補助金が出ることになる。こういうことが積もり積もったら、社会保障費の無駄遣いになるのではないか。

もし、レントゲン写真が私のものなら、私はそれを病院から病院へ連携してもらうことを許可すればよく、データを共有してもらえばいい。どうしてそれができないのだろうか。医療のデータが流通する場合は、その真正性（改ざんされていないかなど）について、どのように保証すればいいのかなど、課題があることも理解できる。しかし、少なくともデータを共有できるのであれば、もう少し、効率的にできるはずである。

それが、私がパーソナルデータ、情報銀行に関心を持つきっかけだった。これから少子高齢化社会が進み、日本の財政が縮小していく中で、今の豊かな生活を維持していくためにはより効率的な社会運営が必要になり、そのためにはあてずっぽうではなく、データに基づき運営されるべきではないかと考えるのである。

## なぜデータ流通・活用が必要なのか　世界の潮流

こうした動きは、何も私個人が最初だったわけではない。ダボス会議で有名な世界経済フォーラムが２０１１年のレポートの中で、「個人情報は第二の石油である」と宣言して以降、いわゆるGAFA（グーグル、アップル、フェイスブック、アマゾンの総称）や中国のBAT（バイドゥ、アリババ、テンセントの総称）などが、個人情報を集め、それをもとにしたターゲティング広告が隆盛を極める。

時を同じくして、英国では、「midata（マイデータ）」というプロジェクトが始まる。金融業、通信業、エネルギー業、クレジットカード業の4業種において、企業は顧客の求めに応じて、自社が保有する個人情報を、機械可読性のある形式で提供しなければならないとするものである。これにより、英国では金融機関の乗り換えが起き始めたという（従来英国では、一人1口座で、一生同じ銀行を使うことが一般的だった）。中には、midataプロジェクトにより還元された個人データを、「GoCompare」というサイトに登録することで、最適な住宅ローンなどを紹介してくれるようなサービスも出てきている。

日本でも2017年に個人情報保護法が改正され、「匿名であれば、個人の許諾を得なくても、データを利活用、流通させてよい」ということになった。この個人情報保護法の改正は重要で、これまで規制を中心に行ってきた個人情報保護行政が、活用に重点をおいた行政に方針転換したことを意味する。

米国でもオバマ政権下で「Smart Disclosure（スマート・ディスクロージャー）」という政策において、個人情報の流通について、促進をしている。対象となったのは、エネルギー分野と医療分野であり、それぞれの企業、団体のサイト上に「Green Button」、「Blue Button」という個人情報をダウンロードするためのボタンを用意し、個人はそこから、自分の情報を入手する仕組みになっている。たとえば、家族の医療情報を「Blue Button」により収集し、その情報を医療コンサルタントに提供することで、おすすめの医療保険を紹介してもらったり、健康に関するアドバイスをもらったりするのである。

## GDPRの登場

そして、2018年5月に、欧州において、GDPR(General Data Protection Regulation：一般データ保護規則) が施行される。詳細は後述するが、ここではGDPRの特徴について、述べておきたい。

GDPRでは、

1. データアクセス権：個人が企業等に蓄積された自らのデータにアクセスする権利
2. 忘れられる権利：個人が、企業等に対して、そこに蓄積された自らのデータについて、削除することを要求し、実行させる権利
3. データポータビリティ権：個人が企業等に対して、そこに蓄積された自らのデータについて、ほかの企業等に移転したり、自らがダウンロードしたりできるようにする権利
4. 罰則規定：GDPRの条項に違反した場合は、全世界の年間売上高の4％以下の金額、もしくは2000万ユーロ以下の制裁金のどちらか高い方を支払わなければならない

ということが定められている。これらの規則は、日本企業や外国企業にも適用されるものであり、米国では、「EU（European Union：欧州連合）からの利用はお断り」とするECサイト（インターネット上で商取引をするサイト）も出てきている。日本では、安倍晋三首相の号令のもと、このGDPRについて、相互認定をする仕組みを準備している。本書

執筆時点（2019年9月）では、まだ忘れられる権利とデータポータビリティ権については、日本法では認められていない。「はじめに」で記載した電話での勧誘などは、この忘れられる権利が確立されれば、消費者として安心して対応できるようになる。なお、欧州においては、GDPRにおけるこれらの権利を実行するための具体的な手段について、現時点でもまだ確立されておらず、どのように削除すればいいのか、それを消費者はどのように確認すればいいのかといったことは、引き続き検討がされている。

いずれにしても、このように企業も行政も、パーソナルデータの流通・活用については、規制をする（つまり、使わないようにする）のではなく、活用する方向に舵を切っており、全世界的な動きとして、パーソナルデータを活用する社会が到来することを示している。

## 個の影響力の拡大

このような世界の流れをもう少し、俯瞰的に眺めてみたいと思う。26ページの図1に示すように、こうしたパーソナルデータ活用の流れは三つの段階に分かれると考えられる。

## CRMの時代——企業が個人の情報を囲い込み、活用する時代

まず第1段階は、世界経済フォーラムのレポート以前からも言われていた「CRM（顧客関係管理）の時代」である。この時代においては、企業は、顧客データを囲い込み、それをもとに顧客分析を行い、出てきた結果に合わせて広告を打ったり、売り場の並びを変えたりして、売上の最大化を目指すものである。俗にいう「ビールと紙おむつ（スーパーの売上データの分析から判明したといわれる、ビールと紙おむつが一緒に買われる傾向）」の世界である。

こうしたアクションが、ネット社会の到来により、より高度化したものがインターネット広告やレコメンドと呼ばれるものである。

それは私たちが日常的に使うインターネットのブラウザや検索画面において、これまでの私の行動と、私に近しいペルソナを持つ人の特徴から、「関心が高いだろうと思われる」広告を提示してくる機能のことだ。グーグルはこの機能で莫大な利益を上げたといわれて

図1　B2Cの時代からMe2Bの時代へ

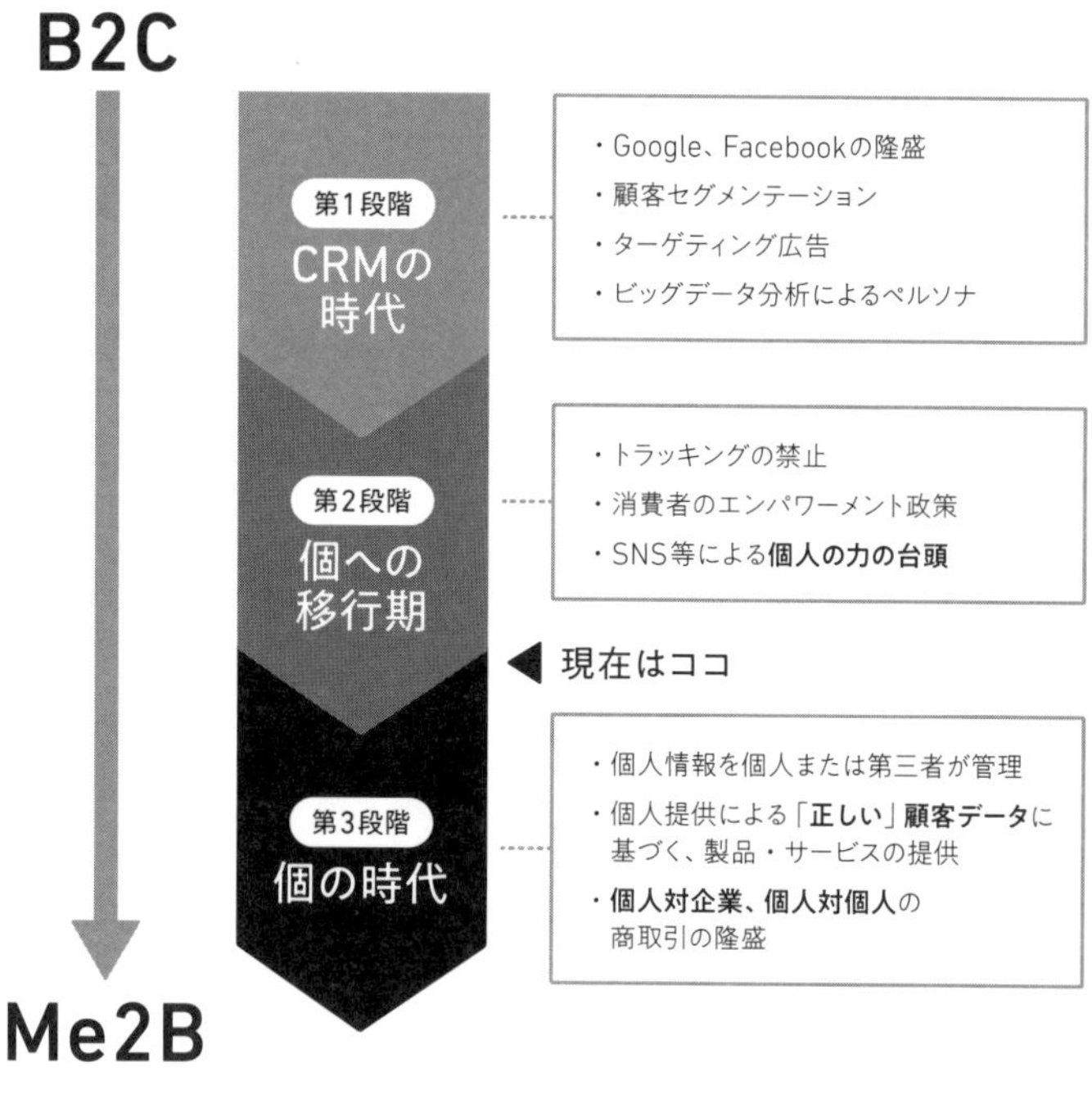

いる。その一方で私が得られた利益は、たまに提供される有意義な情報以外は、まるで関係のない情報が、パソコン画面のそこかしこに表れてくることだけである。

## 個への移行期——個人の影響力の増大

次に「個への移行期」というのが訪れる。

特に若年層において顕著であるが、先に述べた検索画面の情報や、テレビのコマーシャルなどの広告よりも、「○○さんが、インスタグラムに上げていたから」とか、「フォロワー数が多い、△△さんが、ブログでいいねと言っていたから」などの口コミが影響力を持っている。ある日突然、なじみのお店のパンが売り切れ始めたなどという事象は、こうしたSNSでの影響が及んでいるものである。そして、ある有名なYouTuber（ユーチューバー：動画共有サービスのYouTubeで動画を制作・公開し、そこから収入を得ている個人あるいは団体）の動画の中に映してもらうというだけで、大きな金銭が動くような状況になっている。

このような時代において、企業による広告や広告媒体(特にテレビ、ラジオ、新聞、雑誌などマスメディアといわれる不特定多数への媒体)は、もはや影響力を失いつつある。それは、逆にいえば、個人対個人の関係が、企業に対する関係よりも重要視されるようになっており、マーケティング戦略でいうところの「ロングテール戦略(少数派の人たちの好みに応えるべく、少数多品種を扱う販売戦略)」がさらに細分化され、消費者から見れば、「かゆいところに手が届く、これこそ欲しかったもの」が見つけられる世の中になりつつあるのだ。地上波のテレビ局よりも、Netflix(ネットフリックス)やHulu(フールー)、さらにはAbemaTV(アベマティーヴィー)などのインターネット上の有料動画サービスが盛り上がってきているのは、そのような顧客中心の対応をより行いやすい環境であるインターネットの世界で、サービスを提供しているからである。

## 個の時代——私自身がビジネスの中心になる時代

そして、そのあとにやってくるのはさらに顧客中心が進んだ世界「個の時代」である。

「個の時代」においては、２つの側面を持っている。一つは、個人が中心となって企業との関係を構築する「Ｍｅ ｔｏ Ｂ（ミー・トゥー・ビー：Ｂはビジネスの意）」の側面と、個人が個人に対してビジネスを行う「Ｍｅ ｔｏ Ｃ（ミー・トゥー・シー：Ｃは顧客あるいは消費者の意）」の側面である。

「Ｍｅ ｔｏ Ｂ」においては、個人は自らのデータを管理することで、その情報を企業側に提供し、「自分のためのサービス、自分に適したサービス」を提供してもらうようになる。風邪薬を購入するのに、なんとなくの症状だけではなく、普段どんな食べものを食べているのか、どういう環境で仕事をしているのか、どんな疾病歴があるのかといったデータを提供することで最適な風邪薬を教えてもらうといったことが可能になる。その世界においては、広告というような個人の歓心を買うようなアクションは必要なくなるのかもしれない。

「Ｍｅ ｔｏ Ｃ」においては、サービスを提供する側が個人になる。こうしたビジネスは、すでにＵｂｅｒやメルカリ（オークションサイト）などが構築している。サービスを提供したい個人とそのサービスを購入したい個人とを結びつけるプラットフォームである。さらに進むと、自分では売れるかどうかもわからないことが、誰かにとってはとても重要なことで、それが金銭に変わっていくことも考えられる。なんとなく録画していた自宅から見える海の様子が、サーファーにとっては、波の様子がわかるとても重要な情報となる。あるアニメが大好きで、そこに登場する学校や場所を地図上に個人的に記録していた情報は、聖地巡礼（アニメや映画などの舞台を訪れること）をするアニメファンや、旅行を企画したい旅行会社にとっても、有益な情報源になりうる。

こうした「個の時代」においては、個人の働き方や企業との関係にまで変革がおよび、商品・サービスの消費のシーンだけでなく、それらの製造、提供のシーンにおいても、個人中心の世界が立ち上がる。

今の日本は、ちょうど「個への移行期」と「個の時代」の間にいるのだと考えられる。

## VRM　情報を介した個と企業の緊密な関係

このような世界は、何も私たちだけが考えているわけではない。パーソナルデータビジ

図2 個人と企業の関係が逆転するVRM

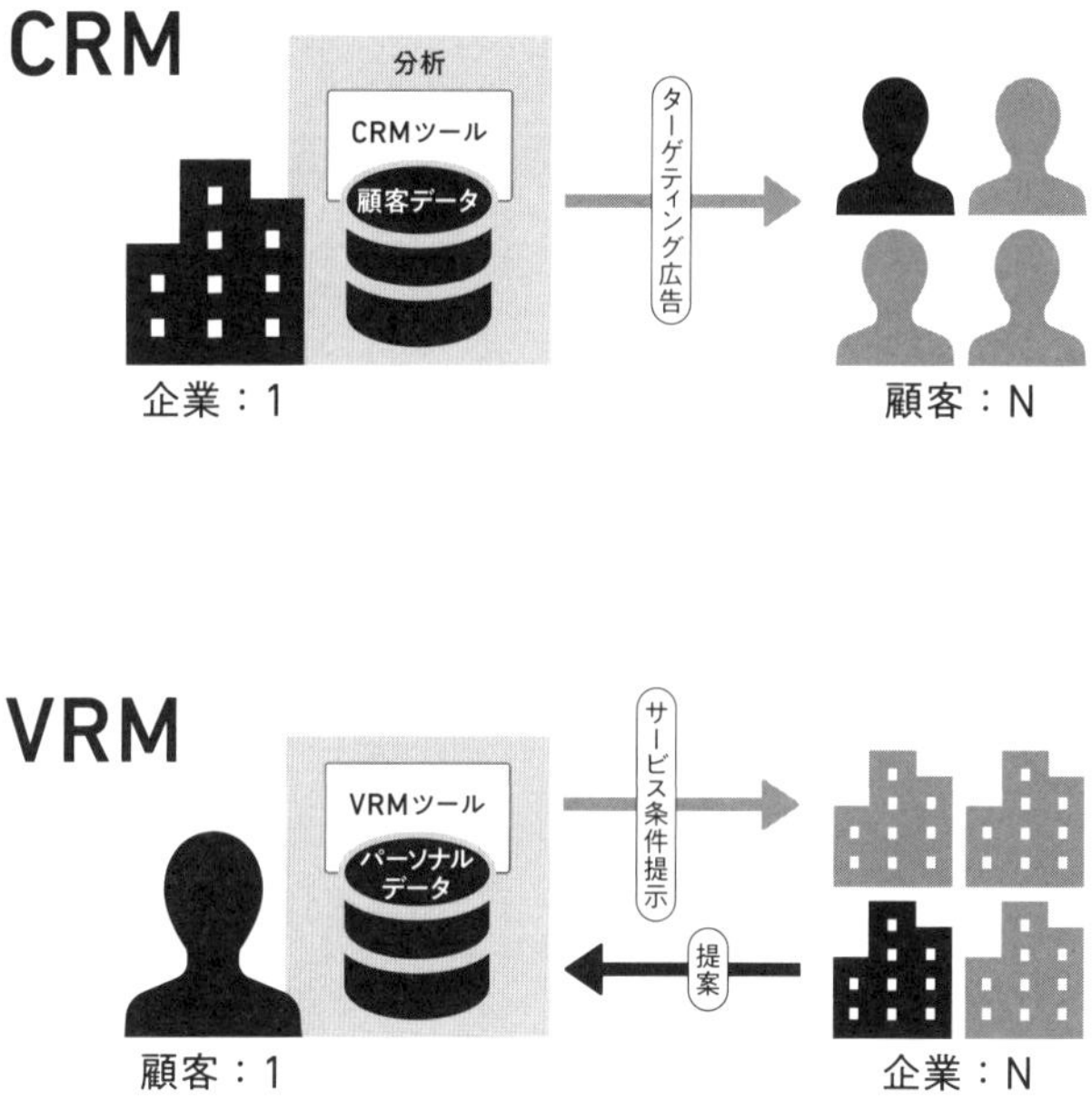

ネスを考える人々の間でバイブルのようになっている、ハーバード大学のドク・サールズ教授が、その著書『インテンション・エコノミー』（２０１３年　翔泳社）の中で、ＶＲＭ（Vendor Relationship Management：企業関係管理）という言葉を使って説明している。

これまでの顧客と企業の関係は、図２の上にあるように、企業側が顧客情報を独占的に管理し、それに基づき、顧客の歓心を買うために広告を打って、商品・サービスを購入してもらっていた。これをＣＲＭ（Customer Relationship Management：顧客関係管理）と呼ぶ。もちろん、個人のすべての購買情報を、一企業が持っているわけではないので、その不足分を補うために、外部の業者からデータを購入する。これらのデータは本人の許諾を得ている場合と得ていない場合があり、後者の場合は、匿名、あるいはペルソナ（40代、男性、東京都在住のような顧客区分〔セグメント〕の特徴を示す情報）で提供されることが多く、なかなか対象とする顧客そのものを知るためのデータにはなりにくい。また、一般的には、広告をもとに購入する割合は期待するほど高くはない。

これに対して、ドク・サールズ教授が唱えたのは、企業ではなく個人が自らのデータを一元管理し、それを企業側に提供することで自分にぴったりのサービスを提供してもらおという考え方である。様々な企業から購買データや、行動データなど、自分に関するデータの収集をできることが前提となる。

そのような仕組みにおいては、たとえば夏休みの旅行に行く際に、家族構成やそれぞれの趣味、これまでに行ったところや、日常目にしているテレビ番組などの情報を提供すると、旅行会社から提供者とその家族のためにカスタマイズされた旅行プランが提示される。アニメの聖地巡礼とサッカー観戦がセットになったような、通常では企画されにくい旅行プランなどである。企業にとって、ヒット率の少ない広告を打つより、確実にニーズが読める方が効率的である。個人としても、不特定多数に提供されるプランではあまり魅力を感じられなかったとしても、このようにカスタマイズされれば、満足度が上がるはずだ。

ドク・サールズ教授は、こうした世界を「インテンション（意思、意向）・エコノミー」と呼び、従来のＣＲＭの世界である「アテンション（関心、興味）・エコノミー」と区別している。後者は、顧客の関心を引くために多額の広告投資を必要とし、さらに商品の魅力も上げないといけないのに対して、前者は提供するサービスの内容を細分化・複雑化するけれども、広告への投資を抑えられる（まったくゼロになるのではなく、企業イメージ広告などの信頼を醸成するための広告は依然として必要とされる）ため、よりよい関係を顧客との間に構築できるとしている。

## パーソナルデータストア　個人が自らデータを管理する仕組み

これまで考えてきたように、パーソナルデータの流通により、世の中の消費行動や、ユーザーエクスペリエンス（利用者体験：そのものの購買や利用シーンにおいて、利用者がどのような体験をするのかということ）は大幅に変わってくる。そのような世界において、パーソナルデータ流通の要と考えられているのが、パーソナルデータストアである。パーソナルデータストアとは、これまで企業等に管理されていた自分の情報（名前、住所などの属性情報から、いつ何を買ったかという購買情報などの企業側で管理していた情報まですべて）を企業等から取り戻し、自らが管理するために必要となるパーソナルデータの保管場所である。

欧州でＧＤＰＲが施行される前後には、このパーソナルデータストアの在り方について、

3つの案が示されていた。

**1.** 個人のパソコンやスマートフォンなどに保管するやり方

**2.** 第三者に一括で保管してもらうやり方

**3.** 実態はこれまで通りバラバラに保管されているが、所在を把握し、自由に引き出せる状況をつくり、仮想的に統合するやり方

当初から**1.**の案については、紛失した場合に復旧ができない、ハッキングなどの被害にあったときの対応が難しいなどの理由から、簡易に実現できるものの推奨できるレベルではないとされていた。

そこで、**2.**の案を実現する事業者がいくつか立ち上がり、そのサービスの優位性を説いていた。オーストラリアのMeeco（ミーコ）などがその一つで、創業者は「旅行先でパスポートを紛失したが、必要な情報をMeecoにストアしておいたので、再発行までのやりとりがスムーズだった」と説明していた。しかし、せっかく企業による独占から解放されたのに、また新しい「ビッグブラザー（独裁者の意味）」をつくるのか、という意見が多く、なかなか浸透しなかった。

3.については、データは集約されないものの、その所在情報を保有して、必要な時にアクセスするというようなやり方である。しかし、必要な時にアクセスするという方法の実現に対して、懐疑的な意見（たくさんの情報をそんなに速く扱うことができるのか、リアルタイムで処理ができるのかなど）が多く、実現は難しいとされた。最終的には、「個人の管理で、インターネット上の保管場所であるクラウドストレージのような場所に管理する」というやり方が、大勢を占めるようになっていった。

なお、議論の当初から、ブロックチェーン（分散型台帳と呼ばれる仕組み。一カ所でデータを集中的に管理するのではなく、台帳に書き込み、それを参加者全員で共有することで改ざんなどの不正を防ぐシステム）を使った保管、流通ということが考えられていた。しかし、誰もがノード（ブロックチェーンを管理するためのサーバー）を立てられる状態（本来ブロックチェーン技術が志向していた、公開型のブロックチェーン。公正性を最大限担保するやり方）であると、いくら暗号化されて保管しているとはいえ、いったん暗号が破られると、とたんにパーソナルデータに誰もがアクセスできてしまうことになる。それは危険であるとして、ブロックチェーンで直接保管するやり方は賛同を得られなかった。

しかし、データ自体は別のところに保管されていて、そのデータへのアクセス権をブロックチェーンで管理するようなやり方などは、パーソナルデータ流通ビジネスの中のブロックチェーンの活用方法として、事例も出始めている。

いずれにせよ、パーソナルデータストアの考え方は、個人が自らの情報を自ら管理するための道具として、欧州では一般的になっている。

## 情報銀行

### 日本生まれの個人情報預託の仕組み

一方、日本政府での議論においては、早くからパーソナルデータストアに代理人的な機能を持たせた情報銀行について議論がされてきた。ちなみに、「情報銀行」という言葉は東京大学の柴崎亮介教授が当初提唱し、銀行のように、個人情報を必要なときに個人が引き出せる機能を想定していた。これに対し、国の議論では、個人が収集したパーソナルデータを「預託」し、運用を任せて、その代わりに「便益」を得るものとされている（総務省、経済産業省「情報信託機能の認定スキームに関する検討会」）。もともとの情報銀行が意味していた機能に対して、国の議論の方は「情報信託」といえるものであって、当初、両者は区別されていた。

しかし、同検討会での議論の中で、機能としては情報信託であるが、呼称としては情報銀行を使うという整理がなされ、今日に至っている。本書の中でも、この整理を踏襲し呼称としては情報銀行を用いることとする。

さて、この情報銀行は、先の欧州でのパーソナルデータストアの議論にあったように当初は、新しい「ビッグブラザー」をつくることになるのではないかと欧州では不審の目で見られていた。事実、私（花谷）が欧州のＭｙＤａｔａカンファレンス（マイデータカンファレンス：パーソナルデータの流通、活用に関する国際的な連携組織ＭｙＤａｔａＧｌｏｂａｌ〔マイ・データ・グローバル：本部・フィンランド〕が主催するカンファレンス。欧州各国の大臣、次官、当局担当者など政策を決める側から、民間でのサービス提供を検討、実現している側まで広く集まる会議）において、情報銀行を日本の事例として説明した際にも、そのような議論、質問が多く出た。

しかし、高齢者の多くなどＩＴにあまり詳しくない人たちにとって、「今日からあなたがあなたのパーソナルデータを管理してくださいね。ただし、自己責任でお願いします」と言われたところで、何をどうしていいのかわからない。また、そういう人を狙った犯罪行為が行われるであろうことは、想像に難くない。あるいは、安全に管理しておきたいから、タンス預金のように誰にも渡さないで、活用されないままその役割を終えていくようなことも起こりうる。

そのような階層に対しては、パーソナルデータの活用先について、信頼度を消費者に示すことが必要であり、あるいは、一つ一つのデータの活用については専門家への委託が望ましい場合も出てくる。それは、大事な貯金をタンス預金にするのではなく、また株式市場で自ら株の取引をするのでもなく、銀行に預けて、運用してもらったり、投資信託のように金融機関側にパッケージ化してもらった商品を購入したりするのと同じである。

つまり、直接金融的に、自分で活用方法を決めることができる人はパーソナルデータストアのようなサービスを使い、パーソナルデータの活用をコントロールする。一方で、自らがそのような判断をできない人は、間接金融のように第三者に預託したり、パッケージ化された商品を購入したりするように情報銀行を利用して、パーソナルデータの活用をコントロールするのである。

ちなみに、関係各所の努力により現在の欧州では、日本の情報銀行に関する理解が進んでおり、私が参加するＭｙ Ｄａｔａ Ｇｌｏｂａｌの会議(Community Meeting in Edinburgh ２０１９年3月19日〜20日)においても、「情報銀行は、パーソナルデータの流通、活用のための一つの解決策である」という意見が出てきている。先日は、フィンランドの政府系投資団体のＳＩＴＲＡから、日本の情報銀行に関する視察団が来日している。

なお、このような考え方は日本だけでなく、米国や英国でも類似の考え方が出てきているが、この分野においては、日本が世界をリードしているといえる。

第2章

# パーソナルデータ流通・活用をめぐる国内動向

ここからは、パーソナルデータ流通・活用をめぐる国内動向として、政府の検討状況や民間企業の取り組みについて整理する。

## 個人情報保護法の改正

パーソナルデータの流通や活用に向けて、日本政府が取り組みを始めたのは、2015年の個人情報保護法が改正されたころからだ。

氏名や住所といった個人情報を企業等が適切に取り扱うためのルールについて定めた個人情報保護法は、2015年に改正され、2017年5月30日に全面施行された。ビッグデータと言われる大量のデータの収集・分析ニーズが高まっているにもかかわらず、企業等が適切に取り扱うべき個人情報の範囲が曖昧であること、また、いわゆる名簿業者などによる個人情報の取り扱いについての国民の懸念増大などによって、これまでのルールの変更が必要となったことが背景にある。

この改正のポイントは、

**1.** 個人情報の定義の明確化

これまで曖昧であった、個人情報の定義が明確化され、例えば、個人情報の定義に身体的特徴等が対象となった。また、要配慮個人情報（本人の人種、信条、病歴など本人に対する不当な差別または偏見が生じる可能性のある個人情報）の取得については、原則として本人同意を得ることが義務化された。

**2.** 個人情報の利活用環境の整備

これまでの個人情報保護法ではなかった、匿名加工情報（個人情報について特定の個人を識別できないかつ復元不可能なものに加工した個人に関する情報）を新たに定め、これらについては、個人の同意なしに、第三者に提供することが可能となった。

**3.** 名簿業者対策

第三者から個人データの提供を受ける際に、提供者の氏名、個人データの取得経緯を確認・記録を作成する等を義務化。また、個人情報のデータベース等を不正な利益を図る目的で第三者に提供し、または盗用する行為が処罰の対象となった。

このうち、**1.**における要配慮個人情報の取得における本人同意の義務化や、**3.**における個人データの第三者提供に係る確認記録作成等の義務化については、企業等が個人情報の流通・活用を行う上で、規制がより強化されたため個人にとってはより安心できる環境になったと言える。

一方で、**2.**における匿名加工情報の本人同意なしでの第三者提供については、従来よりも緩やかな規律となり、より自由な流通・利活用の促進が期待された。

ただし、匿名加工の要件（個人情報を特定の個人を識別できないかつ当該個人情報を復元不可能なものに加工）を正しく満たしているのかどうか判断が難しいケースもあるため、匿名加工情報の第三者提供に消極的な企業も多く、期待したほどには匿名加工情報の流通は促進されていない。

個人情報保護法は、情報通信技術の進展が著しいこと等から、3年ごとの見直し規定が設けられている。先に示した匿名加工情報の流通における課題も含め、様々な個人情報に関する課題については、2020年に予定されている個人情報保護法の改正に向けて、個人情報の保護と利用のバランスをとることの必要性を鑑みつつ、政府の個人情報保護委員会が改正内容を検討中である。

# 次世代医療基盤法の制定

2015年の個人情報保護法の改正と関連して、次世代医療基盤法という、患者の診察結果等の医療機関等が持つ医療情報を匿名加工し、大学や製薬会社等の企業での研究開発等への活用ができるようにするための法律が新たに誕生した。

2015年の個人情報保護法の改正では、要配慮個人情報（本人の人種、信条、病歴など本人に対する不当な差別または偏見が生じる可能性のある個人情報）の取得については、原則として本人同意を得ることが義務化されたことを前項でも述べた。これまで、カルテの内容や検査データ等の医療機関等が保有している患者の医療情報は、大学等の研究機関や製薬会社等が大量に収集・分析して新たな治療法や薬の開発に活用してきたが、個人情報保護法の改正によって、医療情報は要配慮個人情報に該当するため、一つ一つの医療情報を収集するにあたり、患者本人に同意を得なければならなくなった。

このため、政府は新たに「医療分野の研究開発に資するための匿名加工医療情報に関する法律（次世代医療基盤法）」（2018年5月施行）を制定することによって、医療機関

図3　次世代医療基盤法のイメージ

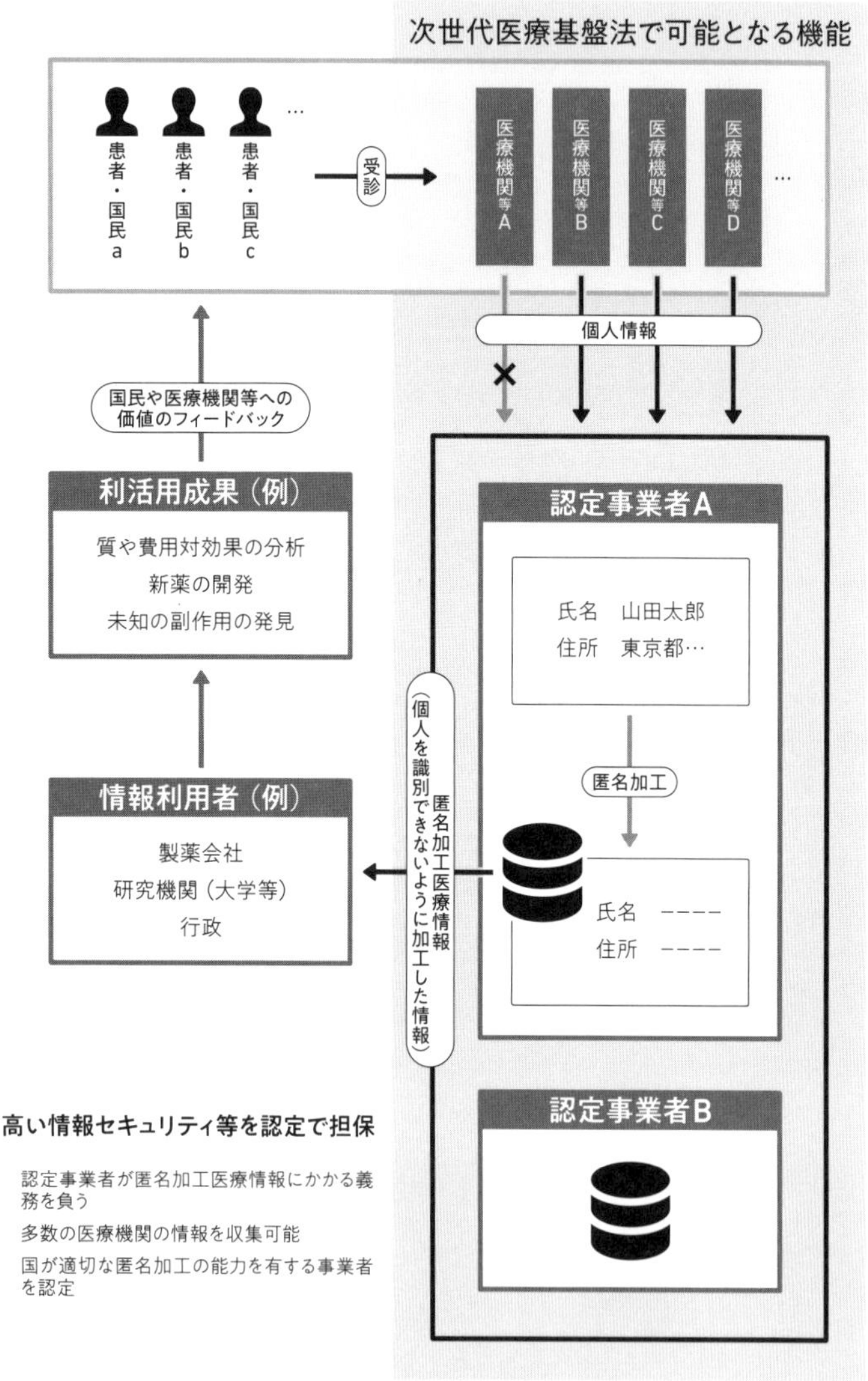


出典：「医療分野の研究開発に資するための匿名加工医療情報に関する法律について」内閣官房健康・医療戦略室　内閣府日本医療研究開発機構・医療情報基盤担当室

等はあらかじめ本人に通知し、本人が提供を拒否しない場合、認定された事業者（認定匿名加工医療情報作成事業者）のみに対し、医療情報を提供することができるように緩和措置を施した。

この認定匿名加工医療情報作成事業者は、医療機関等からの提供を受けた医療情報を匿名加工・管理し、その匿名加工化された医療情報を研究機関や製薬会社等に提供する役割を担う。

このように2015年改正の個人情報保護法と次世代医療基盤法によって、匿名加工化された状態での医療情報の流通・活用環境は整備された。

一方で、匿名加工化されていない医療情報の流通・活用については、情報銀行等の仕組みによって促進されることが期待されている。

## データポータビリティ権の検討開始

パーソナルデータは、その本人だけでなく、サービスの契約や商品の購買等を通じて企業も保有・管理している。データポータビリティは、それらの、企業が保有している個人のデータを本人にも共有してもらいたい、といった考えから生まれた。

私（前田）にも経験があるが、過日、オンラインで受けた1年間の英会話コースが終了し、会社からの半額補助のために、領収書が必要になった。その英会話コースのWebサイトには、領収書は発行していません、との記載があった。領収書の代わりに、クレジットカードの利用明細を入手しようとしたところ、半年以上前の利用明細は個別に電話で取り寄せを依頼しなければならなかった。電話は、20秒ごとに10円かかる有料制で、20分以上待たされ、ようやく利用明細を入手できた。通話時間が20分としても、600円はかかったというわけだ。

こういった、企業が保有している自分のデータを、いつでもネット上で簡単かつ無料で入手できれば良いと思うのだが、日本ではほとんど実現できていない。

ところが、EUでは実現可能となる法が定められた。

EUでは、パーソナルデータの保護に関するEU域内での統一的なルールとしてGDPR（EU一般データ保護規則）が制定され、2018年5月より施行された。

そのGDPRの20条「データポータビリティ権」において、「自らのパーソナルデータを、機械可読性のある形式で取り戻す権利」「技術的に可能な場合には、自らのパーソナルデータを、ある管理者から別の管理者に直接的に移行させる権利」が定められた。

機械可読性とは、紙に印刷された状態ではなく、コンピュータが文書構造を処理できる状態との意味である。EU域内に居住する人が、例えば口座を保有している銀行に対して、自身の過去の出金や振り込み等の取引履歴などのパーソナルデータを求めた場合、その銀行は、原則無償（明らかに根拠のない請求である場合や過剰な請求である場合を除く）で機械可読性のある形式で求められたパーソナルデータを本人に提供する必要がある。または、本人の指示によっては、銀行は本人が指定した別の銀行等に直接提供しなければならない。住宅ローンの借り換えを行いたいから、現在契約中のA銀行に対して、ローン返済履歴や予定のデータをB銀行に送ってほしい、という指示がくればA銀行は原則無償で従わなければならない。

ユーザーにとっては、現在契約中の携帯電話会社に対して、これまでの通信料や通信状況を別の携帯電話会社に提供させ、契約の乗り換えにあたっての最適な料金プランを提示してもらう、といった使い方もできる。ポイントカードを提示して買い物をしたスーパーや各種ECサイトなどからの購買データ、銀行の入出金データ、クレジットカードの利用明細データなど金銭にまつわるあらゆるデータを収集し、家計簿として一元的に管理することも容易になる。

日本で情報銀行を成り立たせるためには、いかに多くのパーソナルデータを情報銀行に蓄積させることができるか、といった点が重要になる。ところが、パーソナルデータを保有している多くの企業等にとって、情報銀行にパーソナルデータを提供するインセンティブが用意されていないのが実情である。そのため、新たに情報銀行事業を行うべく、実証実験中のいくつかの企業においても、パーソナルデータを保有している企業との連携に苦労していると聞く。しかし、個人の指示によって、企業が保有するパーソナルデータを無償で情報銀行に提供することが可能となる、EUのような「データポータビリティ権」が日本においても個人情報保護法等で定められると、今後の情報銀行関連のビジネスが一気に拡大する可能性がある。

ここで、日本におけるデータポータビリティ権に関するこれまでの政府の検討状況や現状を整理したい。

政府は、2017年3月に「データ流通環境整備検討会　AI、IoT時代におけるデータ活用ワーキンググループ　中間とりまとめ」を発表。この中で、データの円滑な流通・活用に向けた具体的提言として、「パーソナルデータの主体である本人の意向を踏まえたデータ流通・活用を推進するためには、本人が提供した官民が保有するデータを、再利用しやすい形で本人に還元または他者に移管できるデータポータビリティは重要な機能である」。と取りまとめた。これを受けたかたちで、2017年11月から2018年4月まで、経済産業省と総務省は「データポータビリティに関する調査・検討会」を合同開催し、今後の日本におけるデータポータビリティに関する検討・実施のため、主要分野（金融・医療・電力）ごとの論点整理や、各国事例や法制度等の基礎調査を実施した。

このように本検討会での検討の結果は取りまとめられたものの、その中に、日本においてデータポータビリティを推進するための具体的な方策等は示されていなかった。

その後、「未来投資戦略2018」（2018年6月閣議決定）において、楽天、Am

ａｚｏｎ、ヤフー等のプラットフォーマー型ビジネスの台頭に対応したルール整備のために、同年中に基本原則を定め、これに沿った具体的措置を早急に進めるべきものと定められた。これを踏まえ、２０１８年7月より「デジタル・プラットフォーマーを巡る取引環境整備に関する検討会」が総務省、経済産業省、公正取引委員会によって設置された。同年12月に同検討会が公表した「プラットフォーマー型ビジネスの台頭に対応したルール整備の基本原則」の中で、データの移転・開放ルールの検討を進めることとしており、また、２０１９年2月に開催された政府の未来投資会議において、データの移転・開放の促進を含めた「デジタル市場のルール整備」について議論が行われ、同年6月に取りまとめる成長戦略の実行計画において方針を決定するものとされた。これを受け、総務省、経済産業省、公正取引委員会は、「デジタル・プラットフォーマーを巡る取引環境整備に関する検討会」の下に「データ移転・開放等の在り方に関するワーキング・グループ」を新たに設置し、データ移転・開放等の促進について検討を進めることとなった。

２０１９年5月21日、「データ移転・開放等の在り方に関するワーキング・グループ」での検討結果として、「デジタル・プラットフォーマーを巡る取引環境整備に関する検討会」

図4　日本におけるデータポータビリティの検討状況

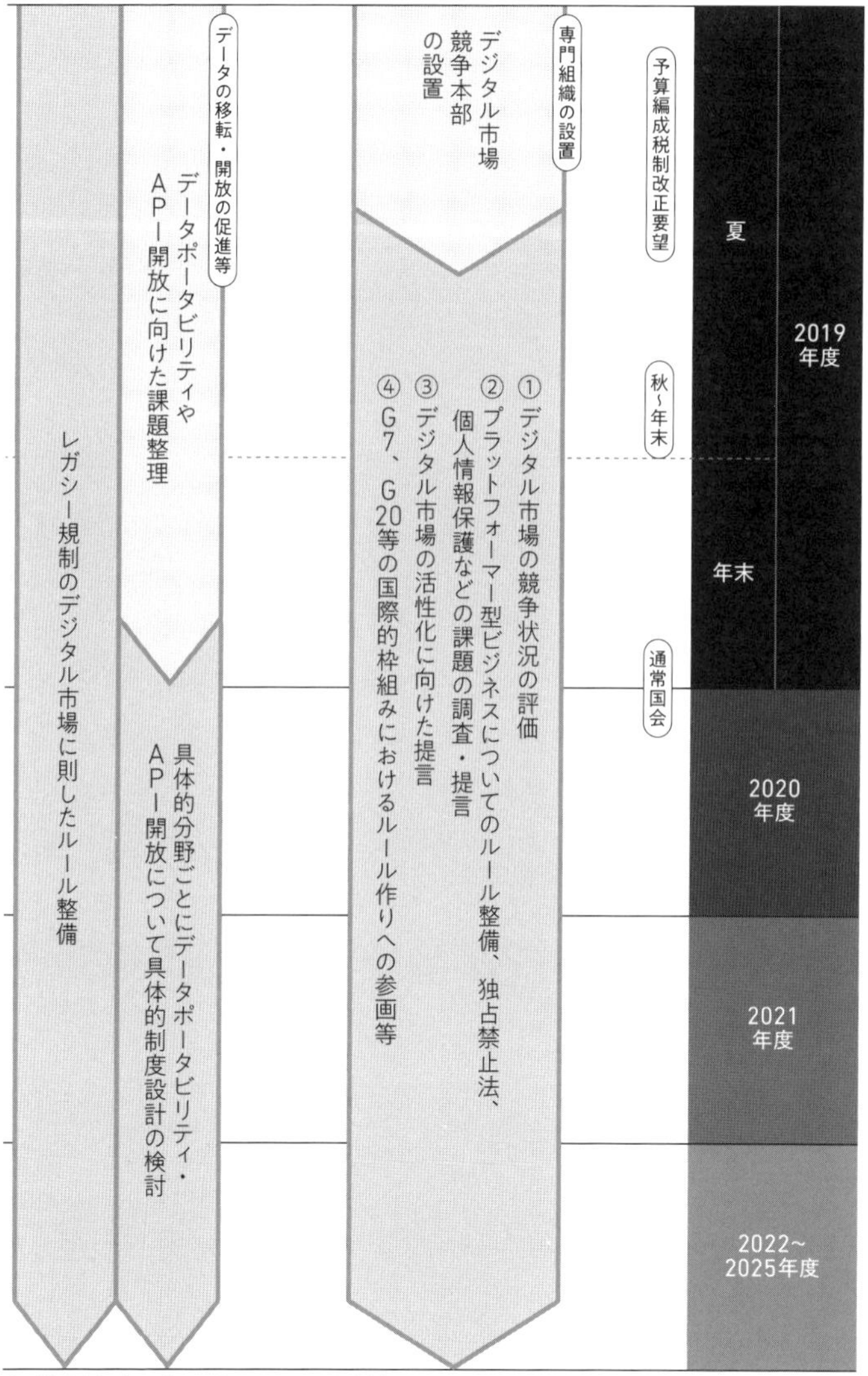


成長戦略実行計画（2019年6月21日閣議決定）記載のスケジュールを基に作成

は、「データの移転・開放等の在り方に関するオプション」を公表。さらに、その1カ月後である2019年6月21日、データ移転・開放等に向けた今後の政府の方針・計画も盛り込まれた「成長戦略実行計画」が閣議決定された。

その「成長戦略実行計画」では、省庁横断的に多様かつ高度な知見を有する専門家で構成される、国内外のデータ・デジタル市場に関する専門組織(「デジタル市場競争本部」)を早期に創設することとなっている。同組織には、データポータビリティや、データを企業間等で安全に移転し連携しやすくするための仕組みであるAPI(Application Programming Interface：他のソフトウェアと機能を共有するための公開仕様)開放をはじめとするデータ利活用に係るイノベーション促進のための権限が付与される。

政府は、長い時間をかけて、このデータポータビリティに関する議論を重ねており、ようやく、具体的制度設計を検討する段階に入ろうとしている。

データポータビリティについては、銀行が保有している残高情報等の金融データ、医療データ、ガス・電気・水道等のエネルギーデータについて、個別に検討・推進されている状況である。

**1.** 金融データ

２０１７年の改正銀行法によって、銀行が外部事業者と安全にデータ連携するためのＡＰＩを公開する「オープンＡＰＩ」について、銀行に努力義務が課せられた。この「オープンＡＰＩ」によって、銀行顧客は銀行ではない、別の外部事業者のアプリ等から自身の口座残高等を確認できるようになる。すでに、「マネーフォワードＭＥ」や「マネーツリー」等の家計簿アプリでは、銀行の「オープンＡＰＩ」を用いたサービスを提供している。

**2.** 医療データ

日本各地の地域医療連携ネットワーク（医療関連機関の間で、患者の診療情報を共有するシステム）や、医療機関での電子カルテの導入整備が国の補助金などで進められてきた。ただし、ベンダーによって仕様が異なるなど、全国的に医療データ連携をスムーズに行う環境とはなっていない状況である。また、これらの仕組みは医療関連機関の間での医療データ連携であって、患者自身が医療関連機関から自身の医療データを機械可読性のある形式で受領するものとはなっていない。

### 3. 電力データ

2020年代早期に全世帯・全事業所に、スマートメーターを導入する計画となっており、電子化・標準化が進められている。スマートメーターは、従来のアナログ式メーターとは異なり、通信機能を有しているために、遠隔で電力使用量等のメーターの情報を取得することができる。このスマートメーターを活用し、電力使用状況等の電力データを活用した高齢者等の見守りサービス等の事例も出始めている。

## 情報銀行事業者の認定制度

情報銀行が国民に広く受け入れられるには、利用することによって得られるサービス次第であることは言うまでもないが、情報銀行が信頼できる事業者で安全に運営されていることが明確になると、自身のありとあらゆるパーソナルデータ（例えば、クレジットカード番号、パスワード類などの忘れがちな情報、メール、スケジュール、スーパーでの買い物履歴、銀行への住宅ローンの返済履歴や計画、これまで処方された薬、自宅の登記情報、

SNSに投稿した写真など）が一カ所で分類・整理された状態で確認・管理できる、といった情報銀行の基本的な機能だけでも利用したいと考える人が増えてくる。この、「情報銀行は信頼でき、安全である」ことを明示するため、政府は、情報銀行事業者が安全性等の一定基準を満たしていれば情報銀行認定企業とする、といった認定制度の構築を進めた。

２０１７年11月より、総務省と経済産業省が「情報信託機能の認定スキームの在り方に関する検討会」を開催した。同検討会では、「情報銀行」に求められる情報信託機能に関し、民間団体等による任意の認定制度の在り方について検討がなされ、それらの検討結果を基に、２０１８年6月「情報信託機能の認定に係る指針ｖｅｒ１．０」（以下、認定指針ｖｅｒ１．０）が公表された。認定指針では、「認定基準」、事業者と消費者の間の契約の標準的な内容を示す「モデル約款」、および「認定スキーム」が盛り込まれた。認定を行う民間団体等は、本指針に基づき、認定制度を構築・運用する。この認定は、任意であり、認定を受けることが情報銀行事業を行うための必須条件ではないため、個人情報保護法等、既存の法律に則っているのであれば、認定を受けることなく情報銀行事業を実施することはできる。ただし情報銀行事業の認定を受けることで、個人情報の漏えいなどのセキュリテ

図5 情報銀行事業者認定団体の運用スキーム

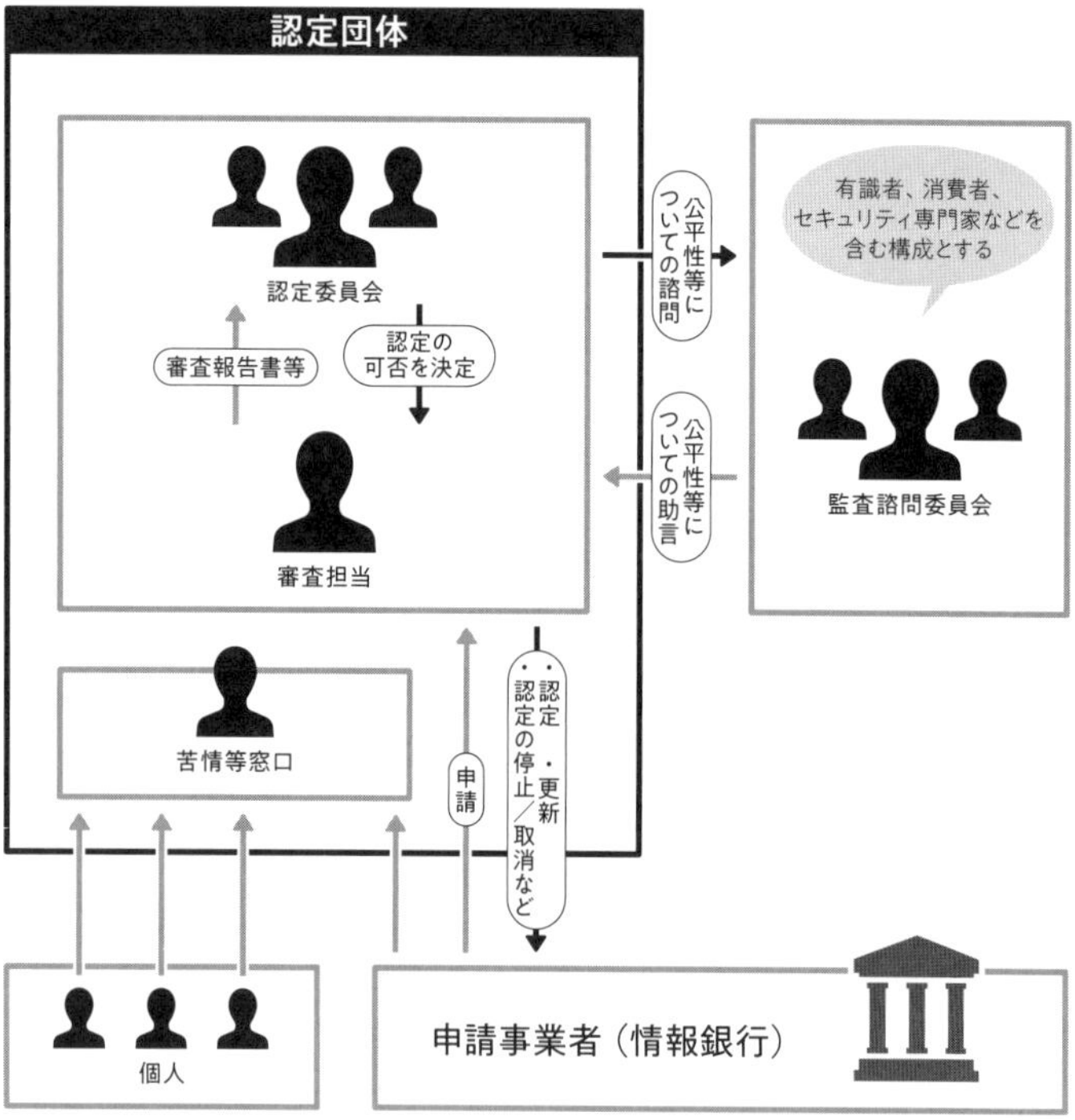


出典：「情報信託機能の認定に係る指針ver1.0」（情報信託機能の認定スキームの在り方に関する検討会 2018年6月）

ィ対策に不安を持つ利用者等に安心感を与えることが期待されている。

この指針の公表を受けて、ＩＴ産業に関わる日本最大級のＩＴ団体の連合体である「一般社団法人　日本ＩＴ団体連盟」（以下、日本ＩＴ団体連盟）が情報銀行事業認定事業に乗り出した。

日本ＩＴ団体連盟は、情報銀行事業を行う事業者の申請に基づき、審査・認定を行う。２０１８年10月に日本ＩＴ団体連盟が行った認定条件に関する説明会には、約２００社が参加したとのことで、情報銀行事業に関する事業者の関心の高さが窺えた。その後、日本ＩＴ団体連盟は、２０１８年12月中旬より「情報銀行」認定に関する申請の受付を開始した。２０１８年10月の説明会時には、２０１９年３月頃に第一号認定を行う予定であったが、第一号認定の発表はされず、「Ｐ認定」という、新たな認定申請対象が追加されたことが発表された。ちなみに、Ｐは、可能（Possible）、計画（Plan）、準備（Preparation）を意味しており、サービス開始前であっても一定の安全性を備えた「情報銀行」として、「情報銀行」サービスの開始段階で改めて認定するものである。「Ｐ認定」が追加された背景とし

図6　三井住友信託銀行：「データ信託」サービス（仮称）

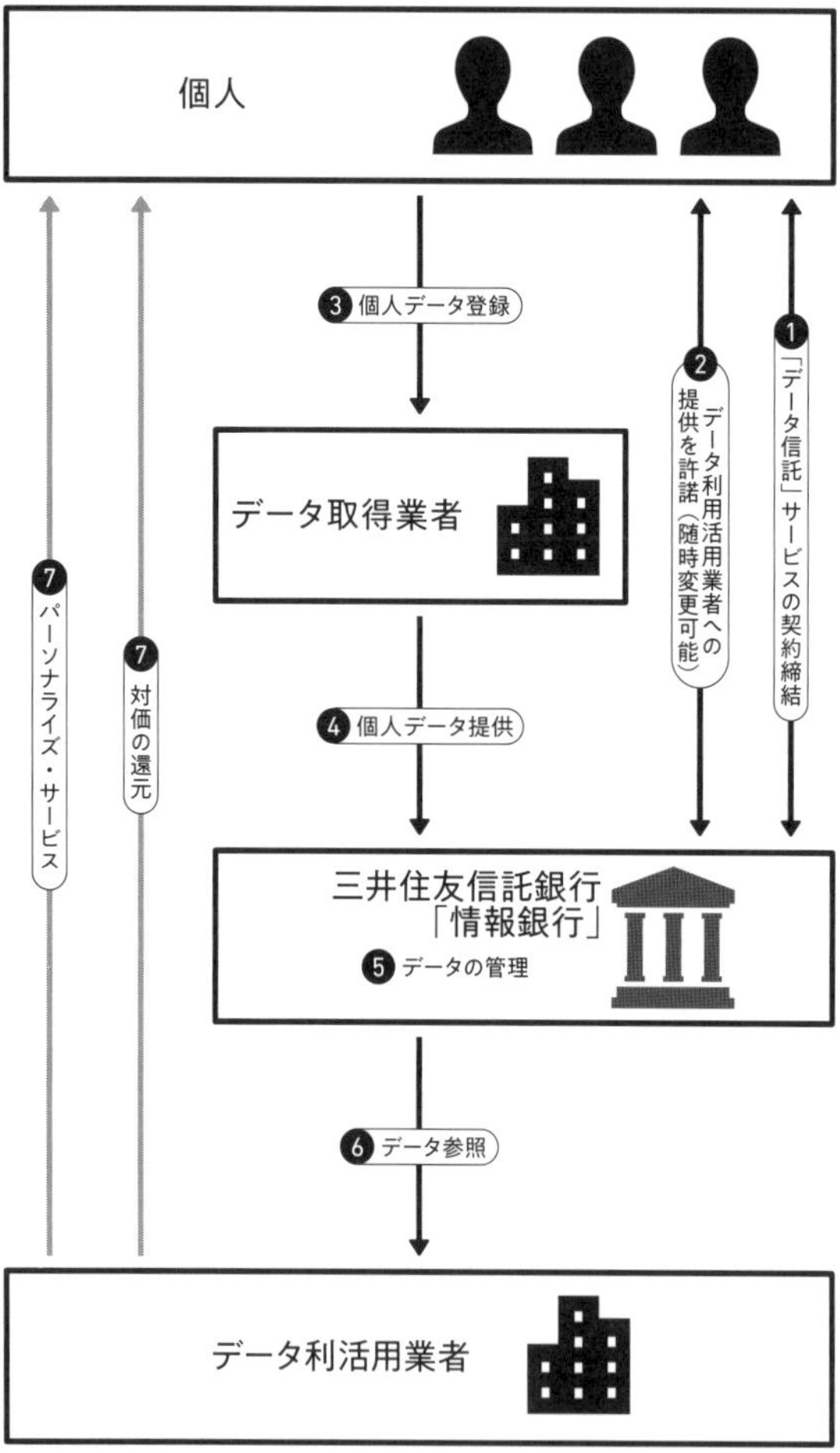


出典：一般社団法人日本IT団体連盟WEBサイト（https://itrenmei.jp/topics/2019/3646/）

図7　フェリカポケットマーケティングの地域振興プラットフォーム

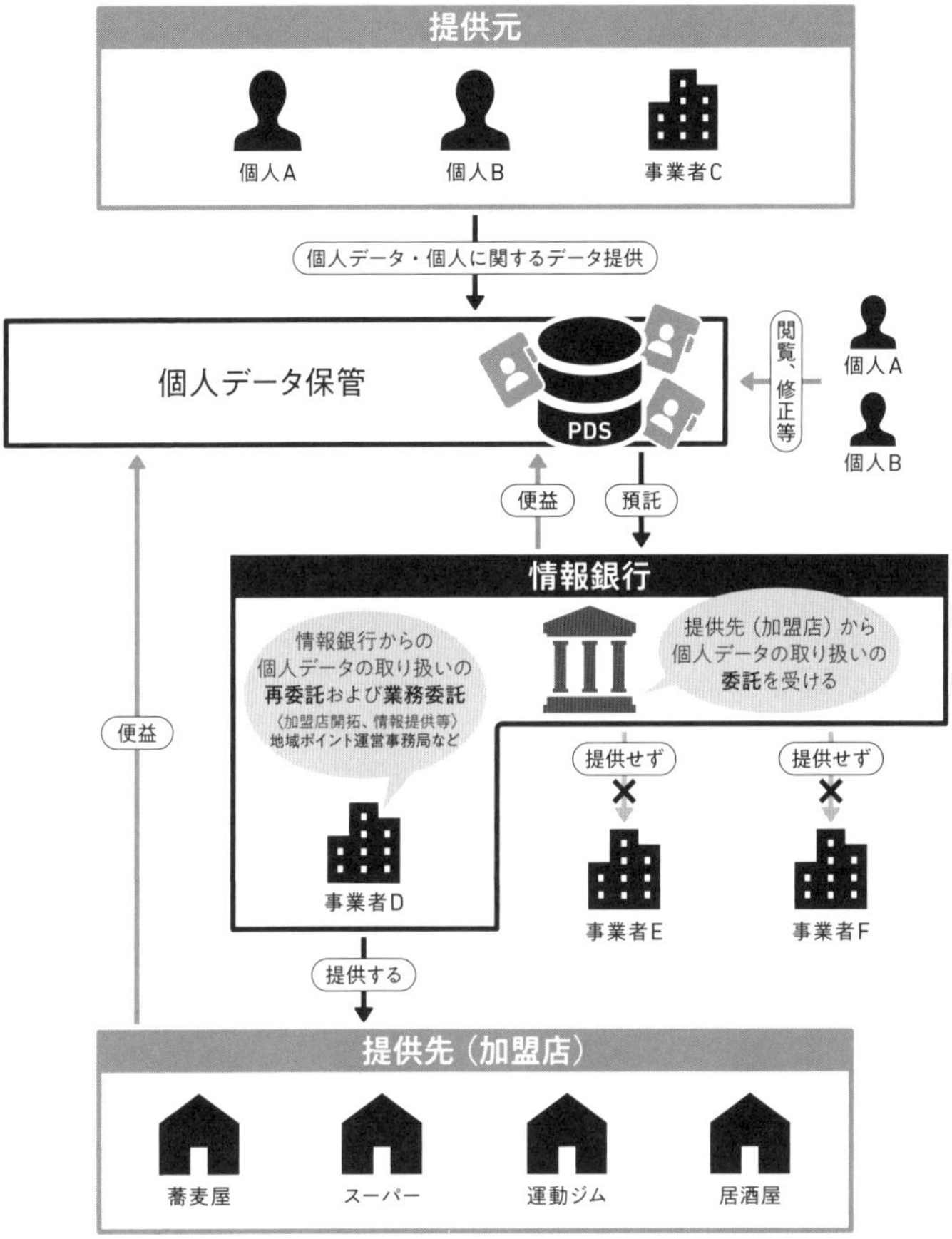


- 個人Aおよび個人Bの個人データは、提供先（加盟店）に物理的には移転せず情報銀行内に保管される。
- 提供先（加盟店）からの個人データの取り扱いの委託により、情報銀行が加盟店名義のクーポンを発行し、個人に付与する。この際、提供先（加盟店）は、情報銀行に保管されている個人データへの直接のアクセス権限を持たない。なお、情報銀行において、当該個人データの取り扱いにつき、運営事務局に再委託することが可能。

出展：「情報信託機能の認定に係る指針ver1.0（案）」　加工：フェリカポケットマーケティング（株）

ては、「情報銀行」認定に関する申請を受け付けたものの、実際に本格的に情報銀行サービスを開始している事業者だけでなく、実証実験段階であるなど、本格サービス開始前の事業者からの申請があったためだとされる。

結局、第一号認定（通常認定ではなく「P認定」）が公表されたのは、2019年6月、三井住友信託銀行とフェリカポケットマーケティングの2社であった。

新聞等の報道によると、この2社の他に数社が情報銀行事業の認定を申請中、あるいは認定を目指すとしている。

一方で、総務省・経済産業省「情報信託機能の認定スキームの在り方に関する検討会」は、2019年1月より再開し、認定指針ver1.0の見直しに向けた検討を始めた。認定指針ver1.0にあたっては、検討会の下に「金融データWG（ワーキンググループ）」と「健康・医療データWG」を設置し、これらのワーキングで集中的に行われる議論も踏まえた上で行うこととされた。2019年6月、両省は「情報信託機能の認定スキームの在り方に関する検討会　取りまとめ（案）」を公表・意見募集し、２０１９年10月8日に同「取りまとめ」および認定指針ｖｅｒ２．０を公表した。

認定指針ｖｅｒ２．０で見直された主なポイントは次の通りである。

・　複数者が共同で情報銀行事業を行う場合の認定

認定指針ｖｅｒ１．０では、単独の事業者が運営することを前提としていたが、複数者共同での運営の場合の認定の考え方が整理された。

・　認定の対象とする個人情報の範囲の追加

認定指針ｖｅｒ１．０では認定対象外となっていた「クレジットカード番号に関する個人情報」と「銀行口座番号に関する個人情報」が認定対象に追加された。

・　提供先第三者からの「再提供」禁止に関する考え方の明確化

認定指針ｖｅｒ１．０では、情報銀行は提供先第三者に対し、個人情報の再提供を禁止している。例外的に「再提供」を認めるケースが補記された。

・　「信用スコア」の取り扱い方針の提示

認定指針ｖｅｒ２．０では記載がないが、「取りまとめ」の中で情報銀行での活用を通じ

図8 情報銀行事業認定の動向

| | |
|---|---|
| 2017年11月6日 | 総務省・経済産業省が「情報信託機能の認定スキームの在り方に関する検討会」の開催を発表。同年11月7日より、同検討会にて、認定スキームの在り方に関する検討を開始。 |
| 2018年6月26日 | 総務省・経済産業省「情報信託機能の認定に係る指針ver1.0」公表。 |
| 2018年9月12日 | 日本IT団体連盟が「情報銀行」事業を審査・認定する「情報銀行認定」事業を開始することを発表。 |
| 2018年11月22日 | 日本IT団体連盟が「『情報銀行』認定申請ガイドブック（案）」を策定公表・意見募集開始。 |
| 2018年12月21日 | 日本IT団体連盟が「『情報銀行』認定申請ガイドブックver1.0」を公表。 |
| 2019年1月19日 | 総務省・経済産業省が「情報信託機能の認定スキームの在り方に関する検討会」での検討を再開。 |
| 2019年3月20日 | 日本IT団体連盟が、新たに「情報銀行」サービスの開始段階で認定する「P認定」を追加。 |
| 2019年6月19日 | 総務省・経済産業省が「情報信託機能の認定スキームの在り方に関する検討会 取りまとめ（案）」に対する意見を募集。 |
| 2019年6月21日 | 日本IT団体連盟が、三井住友信託銀行、フェリカポケットマーケティングの2社について「P認定」（「情報銀行」サービスが開始可能な状態である運営計画に対する認定）の「情報銀行」認定マークを付与することを決定。 |
| 2019年10月8日 | 総務省・経済産業省が「情報信託機能の認定スキームの在り方に関する検討会取りまとめ」および「情報信託機能の認定に係る指針ver2.0」を公表。 |

て差別につながりうるとして、信用スコアの扱いについて、一定の取り扱い方針が示された。

## 企業の情報銀行への参入の動き

情報銀行認定制度開始に伴い、様々な企業による情報銀行関連事業への参入が活発化してきている。ここでは、情報銀行として2018年から2019年にかけて公表された実証実験等の事例や、厳密には情報銀行ではないものの、パーソナルデータの収集・流通に関するサービスについて紹介する。

## 新たなWEBマーケティング手法としての利用

### 事例1 マイデータ・インテリジェンス

2018年9月3日、株式会社電通テックは株式会社マイデータ・インテリジェンスを設立、新会社で情報銀行のプラットフォーム「MEY」を立ち上げるなど、情報銀行ビジネスに乗り出した。電通テックは、企業から年間で500案件のキャンペーンや販促サイト運営を受注、サイト会員やキャンペーン応募などで延べ2000万人分もの個人データを扱っている（日経クロステック 2019年7月4日掲載記事）。段階的に従来のプロモーション支援をマイデータ・インテリジェンスの情報銀行の枠組みに移行していくようだ。まずは、2019年7月3日より一般モニター約1万2000名参加の大規模実証実験「情報銀行トライアル企画」を開始（同年12月31日まで）し、個人のユーザー数を拡大・本格サービス化していく。この実証実験の概要は次のとおり。

**参加ユーザー：**一般モニター約1万2000名

**参加企業**：キリンホールディングス、パーソルキャリア、ビジョナリーホールディングス、明治安田生命保険、ＤａｔａＣｕｒｒｅｎｔ、金融企業（社名非公表）、エネルギー企業（社名非公表）、旅行・観光企業（社名非公表）、電通マクロミルインサイトの9社とマイデータ・インテリジェンスを加えた全10社

**取得するパーソナルデータ**（予定）：基本個人情報、デモグラフィック情報、興味カテゴリー、嗜好性、位置情報、購買履歴、画像情報、アスキング（アンケート調査）による回答情報、移動・行動履歴、ウェアラブルデータなど最大２５０項目

約１万２０００名の参加者が情報銀行のアプリである「ＭＥＹ」を自身のスマートフォンにダウンロード・利用し、参加企業からのデータ提供オファーを確認、許諾の上、パーソナルデータを参加企業に提供する。その対価として、参加者はデータを提供した企業からポイントやサービスを受けることができる。一方で、各参加企業はこれまで保有できなかった精緻な顧客データの提供を受けることで、データを分析、マーケティング活動や商品・サービス開発につなげる。また、各参加企業間で情報共有の場を設け、それぞれ保有している顧客のパーソナルデータを統合した分析やユースケースの検討も行う。

おそらく個人は、懸賞やキャンペーン参加目的で、特に情報銀行であることを意識せずにアプリを利用していくと思われる。懸賞応募の都度、氏名や住所等の情報を入力しなくても、アプリに蓄積済みの情報を再利用できるメリットがある。今後は、ポイント獲得や当選確率が上がるなどのメリットを享受するために、情報銀行のアプリ上に蓄積した様々な自身の情報を懸賞等の応募時に提供することとなるだろう。こうして情報を仲介するマイデータ・インテリジェンス側に多くの種類のパーソナルデータが蓄積されていく。同社は、これらのデータを分析し、従来のＣｏｏｋｉｅ（Ｗｅｂサイトを訪問したユーザーの情報を一時的に保存する仕組み）に紐づくＷＥＢ行動履歴を中心としたＷＥＢ広告よりも精緻なレコメンドを行うなど、新たなマーケティング手法の確立を目指していると思われる。

## 事例2 サイバーエージェント

インターネット広告事業最大手の株式会社サイバーエージェントも情報銀行に注目している。２０１９年2月27日、サイバーエージェントは、情報銀行アプリ「Ｄａｔａ Ｆｏｒｗａｒｄ」を開発し、今後の提供に向けてサイバーエージェントグループ社員を対象としたα版の実証実験（２０１９年2月中旬より2カ月程度の実証期間）を開始することを発表した。

**参加ユーザー**：グループ会社を含むサイバーエージェント従業員約１０００名

**参加企業**：外部参加企業なし

**取得するパーソナルデータ**：基本情報（誕生年・性別・居住地・都道府県）、位置情報、端末情報（ＯＳのバージョン、端末名、容量、使用可能容量、キャリア）、ヘルスデータ（歩数、消費カロリー、心拍数）

同社の「Ｄａｔａ Ｆｏｒｗａｒｄ」の特徴は、ユーザーが提供するパーソナルデータはユーザー自身のスマートフォン端末の「Ｄａｔａ Ｆｏｒｗａｒｄ」アプリ内に蓄積され、同社のサーバーには蓄積されない点だ。当然、サイバーエージェント側は蓄積されたパーソナルデータを閲覧したり、分析したりすることができない。その上で、ユーザーはアプリを利用し、アプリ内に蓄積されたパーソナルデータを第三者に提供するなどの制御を行い、対価としてポイントを受け取る。また、ユーザーがどの種類のパーソナルデータをどの企業にいつ提供したか、といったデータ流通情報をブロックチェーン技術で管理することで、信頼性を担保している。サイバーエージェントは、今後、本格サービス化を検討するとのことだが、自社がパーソナルデータを閲覧しない、といった点で信頼を得ることでユーザーを獲得し、新しいマーケティング手法の提供を目指すようだ。

## 事例3 スカパーＪＳＡＴ、ＤａｔａＳｉｇｎ

２０１９年５月９日、衛星事業・メディア事業を提供するスカパーＪＳＡＴ株式会社は、スカパー！契約者のパーソナルデータ流通・活用による情報銀行プラットフォームの実現を目指し、ＤａｔａＳｉｇｎ、サイバー・コミュニケーションズ（ＣＡＲＴＡ ＨＯＬＤＩＮＧＳ〔電通連結子会社〕のデジタル広告関連事業者）、インテージとの共同研究・実証実験を２０１９年７月より開始することを発表した。期間は２０１９年７月から同年12月までとなる。

**参加ユーザー**：スカパー！契約者２５００名（予定）

**参加企業**：インテージ（参加ユーザーの募集、アンケート実施）、ＤａｔａＳｉｇｎ（情報銀行アプリ提供）、スカパーＪＳＡＴ（全体立案・全体統括）、サイバー・コミュニケーションズ（データを活用した広告運用管理）

**取得するパーソナルデータ**：契約／視聴状況・アンケート・他、購買履歴等

スカパーＪＳＡＴの顧客である参加ユーザーは、情報銀行アプリ「ｐａｓｐ·ｉｔ」（ＤａｔａＳｉｇｎ社が提供。スカパーＪＳＡＴ向けＯＥＭ版）を利用し、既にスカパーＪＳＡＴ側で保有している契約データや視聴データ、アプリを通じて登録するその他のパーソナルデータをサイバー・コミュニケーションズに提供することを許諾する。これら許諾・提供されたデータをもとに、参加ユーザーに合わせたスカパー！番組情報や、広告・サービス提供を受け、その対価として、スカパー！視聴料が還元される。

契約・視聴データからは、ユーザーの余暇時間、趣味、好きなタレントやスポーツ選手等が推測できる。また、スカパー！は、様々な趣味の視聴者に向けたチャンネルが豊富にあるため、地上波やＢＳ放送の視聴データよりも、ユーザーの特性をより深く掌握することが期待できる。

例えば、ゴルフチャンネルを頻繁に視聴するユーザーに対して、ゴルフグッズのレコメンドを行う、熱狂的にフィギュアスケートを応援するユーザーに海外観戦ツアーの提案を勧める、といった直接的なものもあれば、さらに高度なデータ分析によって、旅番組の視聴傾向(国内温泉旅行が好きなど)、家族構成、職業等からユーザーが意識していない嗜好に合った旅行プランの提案を勧めるなど、様々な可能性がある。

## 地域内の生活支援

### 事例1 中部電力、大日本印刷

2018年11月29日、中部電力株式会社と大日本印刷株式会社は、情報銀行の仕組みによって、地域サービスの効率化・高度化や日常の買い物等の利便性向上につなげる「地域型情報銀行」の実現に向けて、2018年12月中旬からの約3カ月間、愛知県豊田市で実証実験を行うことを発表した。

**参加ユーザー**：豊田市在住者、中部電力WEB会員サービス「カテエネ」ユーザーから募集の約400名

**参加企業**：中部電力（モニター募集、サービス事業者との調整、属性・電力使用量などのデータ提供）、大日本印刷（地域型情報銀行基盤提供）、キュレーションズ（体組成計からデータを取得し、地域型情報銀行に連携する仕組みの提供）、豊田市（実証フィールド提供）、豊田まちづくり（豊田市駅前のファッションビル「T－FACE」にて、買い物サービスを試行）、山信商店（食品スーパーマーケット「スーパーやまのぶ」にて、買い物サービスの提供を試行）

**取得するパーソナルデータ**：アンケートによるパーソナルデータ、自宅の電力使用量、体組成計の測定情報等の日常的な生活データ

参加ユーザーは、情報銀行にデータを提供するとともに、あらかじめ、情報銀行がそれらのデータを第三者に提供するにあたっての一定の条件を設定する。その設定した条件のもと、情報銀行は、サービス事業者（スーパーなどの小売店）へデータを提供する。参加ユーザーは、サービス事業者から、個人に合わせた日常の買い物等で利便性向上につなが

るサービスの提供を受けることができる。

地域内に特化し、データを流通・活用することで、地域内での生活者や事業者を結びつけ、生活向上や事業者の発展によって地域を活性化するモデルとなる。

このモデルでは、例えば、子供のピアノ教室を探している母親と、自宅でピアノを教えている個人を結びつける、パソコンやスマートフォンの操作や不調を解決してもらいたい高齢者と、それらに詳しい個人を結びつけるといった個人間のマッチングも考えられる。また、事業者の情報も流通させることで、個人と事業者、事業者と事業者のマッチングといった広がりも考えられるだろう。

### 事例2 フェリカポケットマーケティング

2019年6月21日、流通大手イオンの子会社であるフェリカポケットマーケティング株式会社は、三井住友信託銀行とともに、日本IT団体連盟より情報銀行事業の認定「P認定」(「情報銀行」サービスが開始可能な状態である運営計画に対する認定)を受けた。同社は、広島市内で使える地域ポイントの導入・支援事業など地域経済の活性化支援に取り組んでおり、新たに参入する情報銀行ビジネスにおいても、「地域振興プラットフォーム（仮称）」として、地域の活性化に貢献する、「地域のための情報銀行」を目指している。

## 事例3 さいたま市

さいたま市緑区美園地区において、一般社団法人おもてなしＩＣＴ協議会と連携し、美園タウンマネジメント協会が運用する「共通プラットフォームさいたま版」を用いてヘルスケア分野におけるパーソナルデータを利活用する実証実験が行われた。

**参加ユーザー**：さいたま市美園地区の住民を中心に１０００名を募集（２０１８年11月〜12月）

**参加企業**：イオンリテール、ウエルシア薬局、タニタヘルスリンク、順天堂大学医学部附属練馬病院など（２０１８月11月16日　日本経済新聞記事より）

**取得するパーソナルデータ**：身体に関わるデータ（属性データと組成データ、目標数値）および、行動データ（歩数・活動量・消費カロリー）、購買データ（２０１８年８月９日さ

いたま市記者発表資料より）

各所に設けられた体組成計や血圧計からのデータや、ご当地ＷＡＯＮカード「さいたま市みんなで健康ＷＡＯＮ」の購買データ等を美園タウンマネジメント協会運営のデータベースに蓄積させ、各参加企業にデータ提供すると、個人に合ったヘルスケアサービスなどのレコメンドを受けられるというものだ。

こうした、自治体とともに、住民の健康を支援するサービスも「地域型情報銀行」と呼ばれるものにあたるといえる。

## パーソナルデータによる新たな信用評価の流通・活用

### 事例1 J．Score

みずほ銀行とソフトバンクの共同出資により2016年11月に設立された株式会社Ｊ．Ｓｃｏｒｅは、顧客が提供した様々なパーソナルデータについて、ＡＩ技術を活用した分析によるスコアランクに基づき、顧客ごとに最適な条件を提示する融資サービス（ＡＩスコア・レンディング）や、アライアンス企業で様々な特典が受けられるサービス（ＡＩスコア・リワード）を提供している。同社のサービスは情報銀行とは呼べないものの、顧客同意のもとパーソナルデータを収集し、パーソナルデータそのものではなく分析により価値を高めた上で、分析結果を活用するモデルとなっている。

ユーザーは、スマートフォン上で18個の質問に回答する。さらに、スコアアップするための任意項目入力が約１５０項目、みずほ銀行、ソフトバンク、ヤフー、ワンモバイル内の顧客データとの連携同意（任意）がある。これらの多くのパーソナルデータをＪ．Ｓｃｏｒｅが収集・分析し、ユーザーの信用力等を示すスコアを決定する。このスコアが高いほど、良い条件での融資を受けることができる。

Ｊ．Ｓｃｏｒｅ代表取締役社長ＣＥＯの大森隆一郎氏は、情報銀行のスキームを使って、データビジネスを展開する予定であることを語っており、既に日本ＩＴ団体連盟に対して、情報銀行のＰ認定を申請中という。（２０１９年6月7日付け「日経クロストレンド」）

## 事例2 LINE Credit

ＬＩＮＥ Ｆｉｎａｎｃｉａｌ、みずほ銀行、オリエントコーポレーション3社の合弁会社であるＬＩＮＥ Ｃｒｅｄｉｔ株式会社は、２０１９年6月27日、独自のスコアリングサービス「ＬＩＮＥ Ｓｃｏｒｅ」を開始した。ライフスタイルに関する15項目の質問に回答すると、ＡＩがライフスタイル情報とＬＩＮＥサービスの利用状況をもとに１００～１０００点のスコアを算出。ユーザーはスコアに応じた特典やキャンペーンなどを利用できる。また、スコアに応じて貸付利率と利用可能額が決定される、少額借入用個人向け無担保ローンサービス「ＬＩＮＥ Ｐｏｃｋｅｔ Ｍｏｎｅｙ」（２０１９年8月リリース、アプリ上で申し込みから借入、返済まで全て完結）も利用可能となる。これらは、ＬＩＮＥアプリ上から利用できるサービスであるため、既にＬＩＮＥユーザーであれば、新たなアプリのインストールや、アカウントの新規開設の手間もない。例えば、高スコアとなれば、ＬＩＮＥ Ｐａｙでの支払いのたびに支払額の1～2％還元されるなどの特典が享受できる。

## 事例3 ヤフー

ヤフー株式会社は、2018年10月10日、保有するビッグデータを基に独自のスコアを開発し、本スコアを活用することでYahoo! JAPAN IDユーザーに対する特典プログラムの実施やパートナー企業のサービス利便性向上、課題解決などを図る実証実験を開始することを発表した。

**参加ユーザー**：Yahoo! JAPAN IDユーザー

**参加企業**（2018年10月10日発表時点）：アスクル、イーブックイニシアティブジャパン、一休、OpenStreet（HELLO CYCLING）、カービュー、ガイアックス、コスモ石油マーケティング、シェアリングエコノミー協会、ソフトバンク（BLUU Smart Parking）、TableCheck、パスレボ、バリューコマース、福岡ソフトバンクホークス

また、ヤフーは、2019年7月1日、「Yahoo!スコア」を活用できるビジネスソ

リューションサービスの提供が開始されたこととともに、2018年10月10日より実施してきた実証実験でのスコア活用事例についても公表した。レストラン予約サービスのＴａｂｌｅＣｈｅｃｋでは、予約を忘れそうなユーザーを抽出し、リマインド連絡を増やすことで直前キャンセルの防止を目指すこと、クラウドソーシングサービスのランサーズでは、優良と推定されるフリーランスと仕事発注者を抽出して案件をマッチングすることなどが紹介された。

「Ｙａｈｏｏ！スコア」は、４カテゴリーに属するスコアと、それらを集計した総合スコアで構成される。カテゴリーは「本人確認」（住所・氏名・電話番号・メールアドレスなどの情報の登録率やその有効性など）、「信用行動」（「ヤフオク！」における取引実績や評価、利用規約・ガイドライン違反の有無等）、「消費行動」（Ｙａｈｏｏ！ＪＡＰＡＮが提供するＥコマースサービスなどの利用金額等）、Ｙａｈｏｏ！ＪＡＰＡＮサービス利用（Ｙａｈｏｏ！ＪＡＰＡＮが提供するサービスの利用頻度などの実績等）の４つだ。

Ｙａｈｏｏ！ ＪＡＰＡＮ ＩＤユーザーは、Ｙａｈｏｏ！ＪＡＰＡＮサービス利用にあたって、これらのデータをヤフーが収集・分析・利用することに利用規約で同意しているため、ヤフーは改めてYahoo！ JAPAN IDユーザー向けに、スコア作成とスコアのYahoo！ JAPANのサービスでの利用について、同意の取り直しは行っていなかった。スコア作成とYahoo！ JAPANのサービスでのスコア利用を停止したいユーザーは、サイト上で停止手続きを行うことができる仕組みも用意した。また、第三者へのこれらのスコアの提供にあたっては、各パートナー企業とのID連携時の「同意画面」において、同意を得たユーザーのみスコアを提供する仕組みとなっていた。

ヤフーは、「Yahoo！スコア」活用先の企業を広く募集する目的でこれらの発表を行ったわけだが、一部の有識者から個人ユーザー（Yahoo！ JAPAN IDユーザー）への説明が不十分ではないか、と憂慮する声があがるとともに、ネットメディアでもそのことが採り上げられ、個人情報が勝手に外部に提供される、といった内容でTwitter等のSNSで拡散される事態となった。

この騒動を受け、ヤフーは説明が不十分であった旨の謝罪文を掲載するとともに、個人ユーザー向けに「Yahoo！スコア」を説明するページを公開することとなった。

ところで、事例①J．Scoreや事例②LINE Creditでは、こういった騒動が起こらなかったのはなぜだろうか。

おそらく、「実はこっそり始めていました」といった印象が大きいのではないか、と考えられる。Ｊ．ＳｃｏｒｅやＬＩＮＥ Ｃｒｅｄｉｔの場合は、スコア作成も含めて、本人の意思でスタートするサービスであるのに対し、ヤフーの場合は、本人が知らないうちに、「Ｙａｈｏｏ！スコア」が作成・利用されるスキームだ。法的にはユーザーが利用規約に同意した内容に含まれるので問題ないが、多くのユーザーは、自身が同意した内容が具体的にどういったものとなるかを理解していないと推測される。また、「Ｙａｈｏｏ！スコア」の外部提供にあたっては、パートナー企業のサービス利用にあたり「同意画面」での同意取得は行っていたが、スコア作成とＹａｈｏｏ！ＪＡＰＡＮのサービスでのスコア利用と、そのスコアの外部提供の違いがユーザーに伝わらず、スコアが勝手に外部に提供されているとの誤解につながったと思われる。

そうなると、メールの内容や検索履歴などプライバシーに関わる情報も勝手に分析され、スコアとして評価され、外部にこっそり提供されているのではないか、それにより、何らかの差別や不利益を被ることになるのではないか、といった懸念まで膨らんでいったのである。

## 金融データを主に取り扱う情報銀行

### 事例1 マネーフォワード

2012年設立の株式会社マネーフォワードは、銀行ネットバンキングや、クレジットカード会社の利用明細確認WEBページ等のインターネットのマイページ上でユーザー自身が閲覧・確認できる金銭に関する情報（銀行口座残高、入出金履歴、クレジットカード利用明細等）を収集し、家計簿として一元的に閲覧・管理できるサービスを提供している。

仕組みは、「マネーフォワード ME」のサービス開始にあたり、各社がマイページのID・パスワードの情報をマネーフォワードに提供し、同社が本人の代理として各社のマイページ上のデータを収集するものだ。これらは、サイト上からデータを収集するWEBスクレイピングといわれる技術によって実現しているが、金融機関等のサイトのID・パスワードといったユーザーにとって重要な情報を預かり、厳重に管理しなければならないことや、金融機関等の側のサイトのデザイン変更によって、スクレイピングを再作成しなければならない、金融機関等のサイト側はこういった方法を正式に認めてはいない、などの課題がある。そのため同社は、公開APIによる金融機関等との連携も進めている。

このようにマネーフォワード上に収集されたデータは、個人向けの家計簿サービスだけでなく、生命保険会社のライフプラン診断ツールとの連携や、提携の銀行への連携なども行っており、情報銀行に近いモデルともいえる。

同社は、総務省・経済産業省「情報信託機能の認定スキームの在り方に関する検討会」(第11回)に出席・報告した際の資料では、将来的には、マネーフォワード子会社を通じた信用スコアの金融機関への提供や、税務計算ソフトへの提供も検討しているようだ。

## 医療・健康データを主に取り扱う情報銀行

### 事例1 三井住友銀行・日本総合研究所

三井住友銀行と日本総合研究所は、大阪大学医学部附属病院とともに、総務省の2018

年度の情報信託機能活用促進事業「情報信託機能を用いた個人起点での医療データ利活用実証事業」として受託し、大阪府他をフィールドとした、情報銀行の仕組みを用いた医療データの利活用に関する実証実験を実施した。

**参加ユーザー**：個人（詳細非公表）

**参加企業・団体**：三井住友銀行・日本総合研究所、大阪大学医学部附属病院他（詳細非公表）

**取得するパーソナルデータ**：医療データ（詳細非公表）

総務省が公表した同社の実証事業の提案資料によると、個人（患者）がかかりつけ医（クリニック）で診療を受け、地域の中核病院への紹介状を受け取り、診療を受けるといったケースなどについて、情報銀行の仕組みを用いて、紹介状データや検査結果データ等の医療データを個人（患者）の意思で、かかりつけ医（クリニック）から地域の中核病院へ連携するといったものとなる。

患者にとっては、紹介先の病院で再度検査を受ける手間や費用の削減となるため、大き

図9　情報信託機能を用いた個人起点での医療データ利活用実証事業

| | |
|---|---|
| 提案者 | 三井住友銀行、日本総合研究所 |
| 対象分野 | ①情報信託機能を活用した事業【ヘルスケア】 |
| 実施地域 | 大阪府他 |
| 事業概要 | ・情報銀行が要配慮個人情報である医療データを取り扱う際の、法務面・システム面・ユーザー面（利便性や意識）・ビジネスモデル面等についての要件を整理。<br>・様々な医療機関等から提供される医療データを、デジタル化して取り込み、安心・安全に管理できるPDS機能の提供<br>・PDSに統合・蓄積された個人の医療データを、データ利活用事業者に提供することで、個人に便益を提供するモデルの検討 |

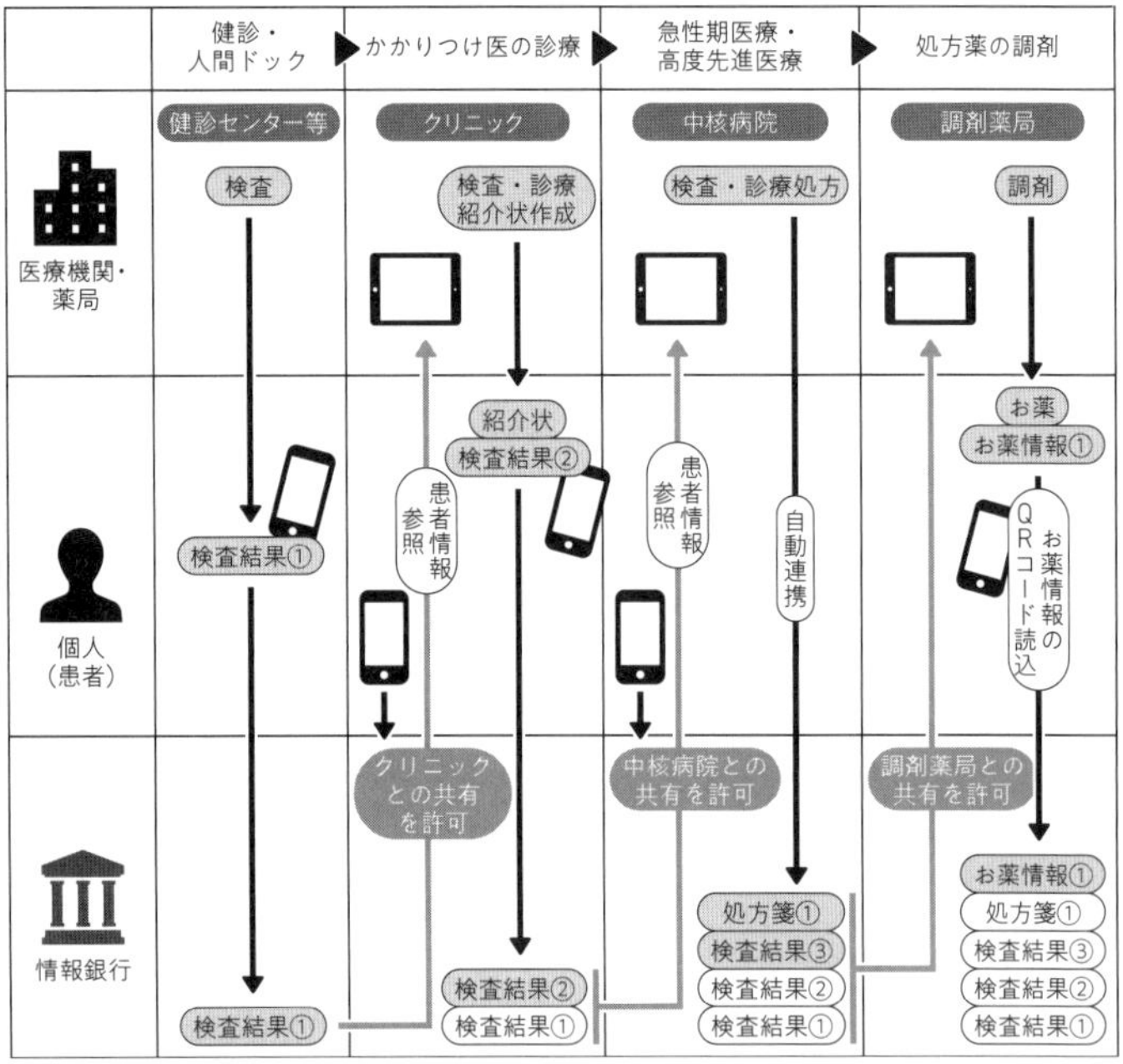


・情報銀行が医療データを取り扱う際の、法務面・システム面・ユーザー面（利便性や意識）・ビジネスモデル面等の要件を整理

・様々な医療機関等から提供される医療データを情報銀行（PDS）に蓄積し、個人の意思で、医師や薬剤師と共有

・蓄積した個人の医療情報を、情報信託機能を用いて、データ利活用事業者に提供することで、個人に便益を提供するモデルの検討

出典：総務省公表資料（平成30年度予算　情報信託機能活用促進事業に係る委託先候補提案概要）

なメリットがあると思われる。例えば、妊婦が自宅近くのクリニックで受診しており、里帰り出産するケースの場合、血液検査データ等が里帰り先の病院に連携できれば数万円の自費費用の節約になる、といったことも想定される。

このように、医療・健康データの流通・活用は、情報銀行によるサービスの中でも、個人にとってのメリットが比較的分かりやすい。

妊婦自身が、妊娠中の体重管理のために毎日の食事や体重を情報銀行に記録する、胎児のエコー画像を蓄積しておく、出産後も子供の健診データの蓄積や予防接種の予定・実績管理、処方薬の管理など、様々な活用が考えられる。

## 広くデータを取り扱う情報銀行

### 事例1 三菱UFJ信託銀行

三菱ＵＦＪ信託銀行は、２０１８年7月18日、個人が自らの意思でデータを蓄積・管理し、パーソナルデータ提供の対価を受け取ることができるよう、情報信託機能を担うプラットフォーム「ＤＰＲＩＭＥ（仮称）」の提供に向けて、２０１８年8月より実証実験を開始することを発表した。さらに、２０１８年11月9日、同社は、２０１８年11月19日から「ＤＰＲＩＭＥ（仮称）」β版の試行を開始することを発表した。

**参加ユーザー**：三菱ＵＦＪ信託銀行社員および実証実験参加会社社員１０００名

**参加企業**：アシックス、ＮＴＴデータ、Ｊａｐａｎ Ｄｉｇｉｔａｌ Ｄｅｓｉｇｎ、テックファーム、東京海上日動火災保険、ｎｏ ｎｅｗ ｆｏｌｋ ｓｔｕｄｉｏ、マネーツリー、三菱ＵＦＪ銀行、三菱ＵＦＪフィナンシャル・グループ、レイ・フロンティア

**取得するパーソナルデータ**：行動履歴データ、歩行データ、資産データ

スマートフォンのＧＰＳ機能から取得される「行動データ」、スマートフットウエア（歩数や歩行速度、足の傾きなどのデータを記録できるスポーツシューズ）から取得される「歩行データ」、および個人向け資産管理サービスから呼び出される「金融データ」を、個人の判断に基づき、「ＤＰＲＩＭＥ（仮称）」に蓄積する。また、「ＤＰＲＩＭＥ（仮称）」では、パーソナルデータ利用企業が個人に提示する価値や対価のサンプルを個人が確認し、利用

目的や提供価値および対価に応じてパーソナルデータ利用企業にパーソナルデータの提供をするか判断することができる。

三菱ＵＦＪ信託銀行は、２０２０年4月に情報銀行事業を開始する予定だ。

第3章

# パーソナルデータ流通・活用をめぐる海外動向

ここからは、パーソナルデータ流通・活用をめぐる海外動向として、各国（米国、英国、EU、中国）の状況と、自己主権型IDと言われる、個人は管理主体を介さずに自身のID（アイデンティティー）を所有し管理すべきである、とのデジタルムーブメントについて説明する。

## 米国

### ボタン一つで個人データを取得

米国では、オバマ政権時代の2011年7月、国家科学技術諮問委員会(National Science and Technology Council's Committee on Technology）のもと、Smart Disclosureタスクフォースを立ち上げ、消費者による自身のパーソナルデータへの簡易なアクセス推進や、開示データを活用した消費者向けの民間アプリの開発促進等、データを安全に流通・活用するための技術的な枠組み、取り組みが連邦政府主導で進められた。

これらのデータの対象は、政府や民間が保有するデータであり、製品・サービス関連データだけでなく、パーソナルデータも含まれる。

例えば、医療分野では、医療機関、健康保険機関、薬局等のＷｅｂサイトのマイページ上に「Ｂｌｕｅ Ｂｕｔｔｏｎ」といわれるボタンを配置させた。個人がマイページにアクセスし、このボタンを押すことで、自身の医療データを電子的な形式でダウンロードできるようになった。ダウンロード可能な個人医療データは、医療機関等によるが、退役軍人局のサイト「Ｍｙ ＨｅａｌｔｈｅＶｅｔ」では、血圧、脈拍数、心拍数、血糖値、コレステロール値、血液検査結果、アレルギー検査データ、通院歴や通院予定、投薬情報、予防接種記録、入退院記録、医師のメモ、Ｘ線等の医療画像など多岐にわたる。

対応した各種アプリを使えば、セカンドオピニオンを受ける際など、「Ｂｌｕｅ Ｂｕｔｔｏｎ」によって取得した自身の医療データを別の医療機関に連携することも可能だ。他にも、スマホ上で医療データを蓄積しておき、事故に遭った等の緊急時に医療関係者に開示する、通院予定を家族内でシェア・管理する等のアプリもある。

また、自身の電気、ガス等のエネルギー使用データをダウンロードする仕組みもある。エネルギー会社のマイページ上の「Ｇｒｅｅｎ Ｂｕｔｔｏｎ」を押してこれらのデータをダウンロードすることができる。ダウンロードしたエネルギー使用データをサードパーティのアプリで活用するための連携の仕組みも用意されており、Ｇｒｅｅｎ Ｂｕｔｔｏｎアライアンス認証を受けたアプリとデータ連携することができる。例えば、電気の使用データを分析し、より最適な電力会社（電力プラン）を探索する、省エネのためのアドバイスを受けることができる、などがある。

米国では、これらの政府の取り組みの一方、ＧＡＦＡを中心とした一部の大企業によってパーソナルデータが集められ、莫大な利益を上げるといったデータの寡占化が進んでいる。彼らは、先行投資によってユーザーにとって便利なサービスを主に無料で使わせる代わりにユーザーのパーソナルデータを収集し、ターゲティング広告により収入を得る方法で、米国人だけでなく、世界中にユーザーを抱えている。莫大なパーソナルデータによって、ＡＩを高度化させ、様々な分野でさらに便利なサービスを生み出していく。人々の暮らしが格段に便利になっていった一方、人々はＧＡＦＡに囲い込まれていった。また、配車アプリを提供するＵｂｅｒは利用者の位置情報や移動ニーズと運転手の位置情報等のマッチングを行うことで収益を上げるといった、データ活用ビジネスがＧＡＦＡ以外でも盛んになってきている。

ユーザーにとっては、便利なサービスが使えるため、囲い込みが進む状況に対する問題は顕在化されていなかったが、これらの企業への批判が高まるきっかけとなる事件が起こる。

２０１８年3月17日、米紙ニューヨーク・タイムズなどが、Ｆａｃｅｂｏｏｋユーザーの個人情報が英政治コンサルティング会社であるケンブリッジ・アナリティカに大量に流出したことを報道。２０１６年の米大統領選に当該データが活用された可能性が指摘されたのだ。

Ｆａｃｅｂｏｏｋ連携による心理テストアプリによって、英国ケンブリッジ大学の研究者がアプリを利用したユーザーとそのユーザーのＦａｃｅｂｏｏｋ上の友達のパーソナルデータを収集し、それらのパーソナルデータ約８７００万人分をユーザーの同意を得ずに不正にケンブリッジ・アナリティカに販売した。ケンブリッジ・アナリティカ社は、その約８７００万人分のユーザーのパーソナルデータを分析し、２０１６年米大統領選に利用した可能性が指摘されている。

Ｆａｃｅｂｏｏｋがこの事件に直接関与したわけではない。Ｆａｃｅｂｏｏｋ連携のサードパーティのアプリを利用させる際に、ユーザーにFacebookに提供したパーソナルデータを当該アプリに提供することを同意させ、サードパーティアプリ側がそれらのパーソナルデータを利用する。ここまではFacebookの当時の規約上問題はなかったが、サードパーティアプリがユーザーの同意を得ずにパーソナルデータを第三者に販売することは規約違反となっていた。とはいえ、規約違反を行った側だけの問題として済まされず、Facebook側に対しても問題提起がなされ、GAFA等が行った企業のデータ取り扱いやユーザー保護の姿勢に対する世間の風当たりが強まっていった。

## 問題提起されている点

1. 個人情報提供先企業の監理・監督
・個人情報の取扱事業者は、個人情報提供先企業が第三者に不正に個人情報を提供していないかを確認すべきであったのではないか。
2. ユーザーにとって分かりにくい利用規約

・利用規約にユーザーが同意をしていたとしても、本当にユーザーが理解していると は言い難い現状。
・その結果、同意はしているものの、実際にどの企業にどういったデータが提供されたかを多くのユーザーは把握できていないのではないか。

3. ユーザーへの利益還元

・ユーザーは無償でＳＮＳを利用する代わりにターゲティング広告を受け入れているものの、自身のデータが莫大な利益を上げていることに対して、もっとユーザーに利益を還元すべきなのではないか。

## 英国

### 産業４分野に対して取引データ公開を義務づけ

英国においても、米国とよく似た政策がある。

消費者に関するデータを保持している企業に、ポータブルで再利用が可能な（電子的な）形式で、そのデータを本人に公開し直すことを促進する政府のプロジェクト「ｍｉｄ ata」が2011年より始まっている。特徴は、エネルギー、銀行、クレジットカード、通信の4分野については、消費者の求めに応じて特定の形式で取引データを提供する義務を課す権限を企業改革規制法によって設けている点である。現時点では未施行ではあるが、産業界の自主的な取り組みが不十分な場合は、同法を施行すると言われているため、4分野の企業はこうした取り組みを半ば強制的に推進させられることになった。

個人が受けられる具体的なサービスとしては、Gocompare．comという会社が提供する金融機関、保険商品、水道、ガス等の価格比較サービスが挙げられる。ここでは、個人が自らの金融機関における取引履歴をサイト上で読み込ませることで、取引状況に応じてより適切な金融機関の紹介を受けられるといったサービスが提供されている。

一方、midata施策を通して、新しいサービスを生み出すために2013年にはイギリス政府のDepartment for Business，Innovation & Skills（BIS）によって、midata innovation labが設立された。midataによって個人のもとに渡ったデータを用いて、個人に便利なサービスをもたらす

図10 Gocompareのサービス

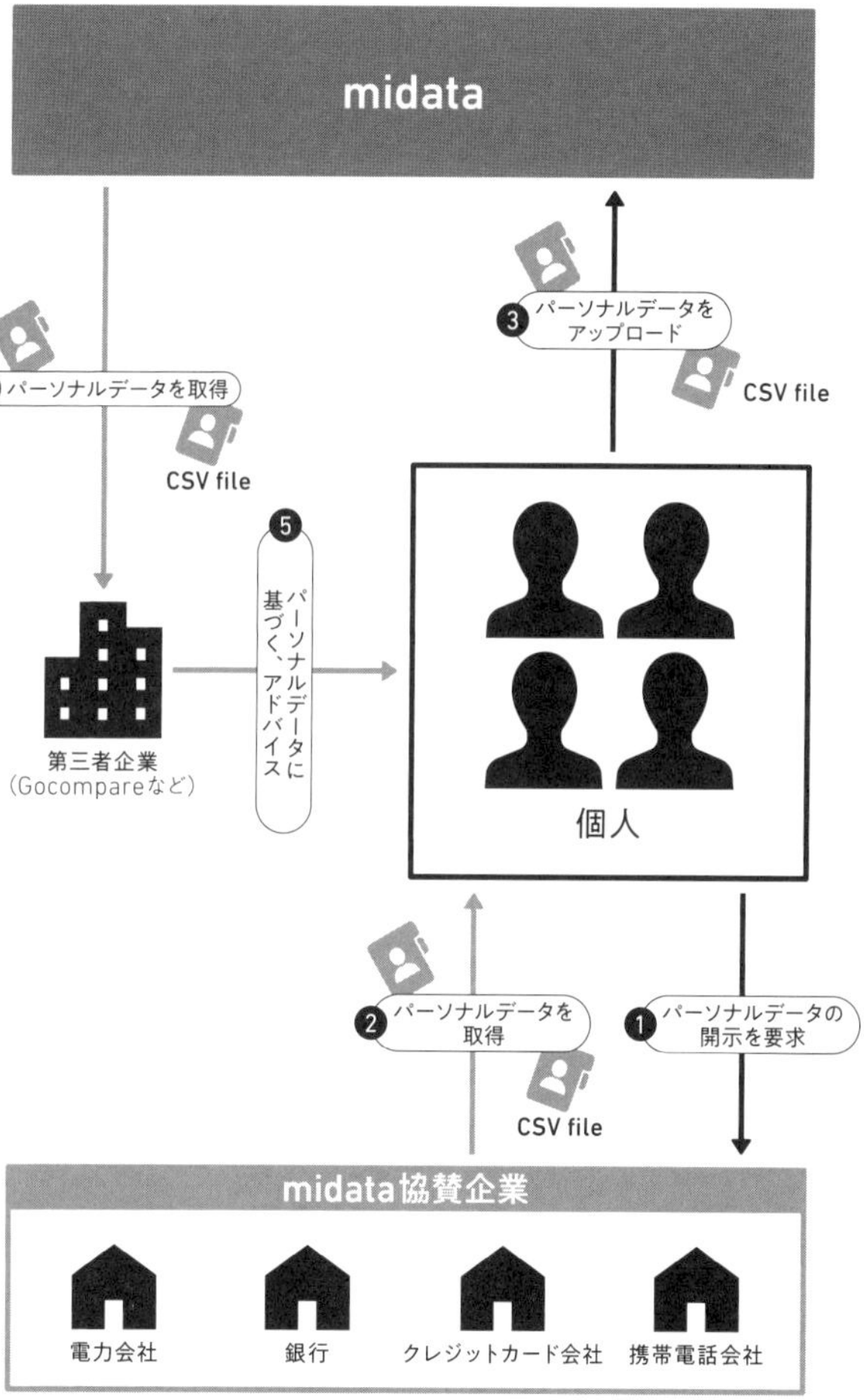


出典：Gocompare.comのホームページを元にNTTデータ経営研究所が作成

アプリケーションを開発することを目的としていたが、現在では、当該プロジェクトは活動を終了している。数年前まで、イギリスではパーソナルデータを共有するシステムの構想があったが、新聞やメディアから批判的な対応があったことや、Ｂｒｅｘｉｔ（英国のＥＵからの離脱）等の影響により、プロジェクトは難航しているようである。

## digi.meの取り組み

企業のパーソナルデータの流通・活用事例として、ｄｉｇｉ．ｍｅの取り組みについて紹介する。

同社は、パーソナルデータを安全に流通させる基盤であるｄｉｇｉ．ｍｅアプリを提供している。ユーザーはこのアプリをダウンロードし、好きなクラウドストレージ（Ｇｏｏｇｌｅクラウドなど）を選択する。ｄｉｇｉ．ｍｅアプリと接続されたデータホルダーが保有する自身のパーソナルデータを、当該クラウドストレージに蓄積することができる。パーソナルデータはｄｉｇｉ．ｍｅアプリによって正規化・暗号化された状態で蓄積され、ｄ ｉｇｉ．ｍｅ社がアクセスしたり、閲覧したりできない仕様となっているため、ユーザーは安心して自身のパーソナルデータを集約・管理することができる。また、ｄｉｇｉ．ｍｅが認定したｄｉｇｉ．ｍｅアプリ上で動くサードパーティアプリが複数開発されている。これらのサードパーティアプリは、クラウドストレージ上のパーソナルデータを分析・活用した様々なサービスをユーザーに提供する。クラウドストレージ上のパーソナルデータの分析はアプリ内で行われ、分析結果のみがサードパーティアプリの開発・運営企業側に渡される仕様となっており、パーソナルデータはクラウドストレージの外には出ない。このため、外部からクラウドストレージにアタックされない限り、先に紹介したＦａｃｅｂｏｏｋのようなパーソナルデータの流出事件は起きにくく、ユーザーにとって安心して利用できるサービスであることが特徴だ。

また、ｄｉｇｉ．ｍｅは、２０１７年から、アイスランド政府の協力を得て、同国民を対象として、ｄｉｇｉ．ｍｅアプリを通じてパーソナルデータを流通・活用する実証実験も実施している。医療データの流通・活用から開始し、金融データ、その他通信データや小売りデータなど様々なデータの流通・活用によるアイスランド国内でのエコシステム構

図11 digi.meが提供するサービス

| | |
|---|---|
| ヘルスケア | アプリ名：HealthyMe<br>概要：病院での診察や投薬、アレルギー、合併症、診断などの医療記録をダウンロードし、閲覧できる |
| | アプリ名：RetinaRisk<br>概要：糖尿病患者向けに、医療情報やフィットネスデータを基に、糖尿病網膜症のリスクを算出する |
| | アプリ名：VaxAbroad<br>概要：ワクチン接種記録を基にした分析を通じて、特定の国に旅行する前に必要で接種するべきワクチンを確認、告知する |
| | アプリ名：MyDuchenne<br>概要：運動データを基に、デュシェンヌ型の筋ジストロフィーの子供の状態を閲覧できる。データは医療機関や研究機関に提供でき、アドバイス等を受けることができる |
| 金融 | アプリ名：Finsights<br>概要：パーソナルファイナンシャルマネージャーアプリケーションである。複数の講座における支出情報を基に、その情報を一覧・グラフ化する |
| | アプリ名：FinLove<br>概要：自身の財政情報や支出習慣を基にした恋愛マッチングアプリケーション。現在開発中である |
| SNS | アプリ名：SocialSafe<br>概要：連携したSNS上に投稿された写真を一カ所に集め、閲覧、検索、共有が可能である |
| | アプリ名：Sand<br>概要：Facebook、Twitterなどのソーシャルサイトで投稿された過去のソーシャルメディアデータを集計して、曜日や時間などの投稿を分析する |

出典：MyData2018 digi.me社講演内容、同社公式Webサイトを元に作成

築を目的として取り組んでいる。

## EU GDPRでデータポータビリティ権を規定

EUは、GAFAによるデータ寡占化に対抗し、日本の個人情報保護法のEU版である「一般データ保護規則」(GDPR)を2016年4月制定し、2018年5月に施行した。GDPRでは、欧州経済領域(EEA。EU加盟28カ国およびアイスランド、リヒテンシュタイン、ノルウェー)の個人データに関する規制であるが、EEA外の企業であるGAFAに対しても、EEA内の個人に対して商品、サービスを提供するため、適用されることになる。

このGDPRによって、個人の権利が拡大した。

・データアクセス権(個人への、プロファイリングなどのデータ処理の内容の提供など)

・忘れられる権利(個人が自身の全個人データを不当に遅滞されることなく消去する

ようデータ管理担当者に要求できるなど）

・データポータビリティ権（個人や個人が指定する企業への、機械可読形式でのデータ提供。個人へは原則無償で提供）などである。

特に、このデータポータビリティ権が規定されたことが、パーソナルデータの流通・活用を進める上で、大きな後押しとなる。

日本の個人情報保護法においても、個人情報開示請求権があり、企業に対して自身の個人情報の開示を請求できるが、必要な手数料等を個人に請求してもよいこととなっているため、多くの企業では数千円レベルの有料での対応となっている。このため、実際に個人情報開示請求を行う個人はほとんどいないようだ。また、開示される個人情報も機械可読な形式ではなく、ほとんどが書面によるものであるため、データとして再利用しづらいものとなっている。

対して、ＧＤＰＲでのデータポータビリティ権については、個人データを保有するあらゆる業種の企業に対して、個人の求めに応じて原則無償で当該個人の個人データを機械可読形式で提供しなければならないとしている。

これまでEUでは、パーソナルデータを各企業が囲い込んでいたが、無償提供が義務となったことで、今後それらの様々なパーソナルデータを活用した新たなサービスが立ち上がっていくことが期待されている。

次に、GDPR施行による日本企業への影響についても触れておく。

GDPRでは、EEA(欧州経済領域)域外への個人データの移転は、原則として、対象国が欧州委員会による十分性認定（GDPRと同等の個人データの取り扱いがなされているとの認定)を得ているときに可能となっている。日本は2018年5月のGDPR施行時は十分性認定を得ていなかったため、当初は、欧州でサービスを展開している日本企業がEEA内の顧客の個人データを日本に移転し、分析を行うことはできなかった。2019年1月に欧州委員会が日本の十分性認定を決定したことから、現在は、移転を受けた個人データの取り扱いをGDPRの保護レベルに合わせる（「個人情報の保護に関する法律に係るEU域内から十分性認定により移転を受けた個人データの取扱いに関する補完的ルール」〔個人情報保護委員会〕に従う）ことでEEA域外である日本へのデータ移転は可能となっている。

その他、日本企業であっても、ＥＥＡ内の個人に対して商品、サービスを提供する場合、ＧＤＰＲが適用される。欧州に拠点のある日本企業だけでなく、訪日外国人向けのサービスを提供している場合などは、ＥＥＡ居住者の個人データの取り扱いについてＧＤＰＲが適用される可能性がある。

２０１９年１月に、フランスのデータ保護当局ＣＮＩＬがＧｏｏｇｌｅに対して、情報提供の仕方や同意の取得方法に問題があるとのＧＤＰＲ違反を理由に５０００万ユーロの制裁金の支払いを命じたように、日本企業についても、個人データ授受の透明性確保や同意取得について、十分な対応が必要となってくる。その他、ＥＥＡ居住者が訪日外国人向けサービス事業者に対して、自身の個人データを消去してほしいと依頼があった場合、遅滞なく消去しなければならない。また、データポータビリティの要求があった場合、機械可読形式でパーソナルデータを提供しなければならない、等の対応も必要となる。

## フランス非営利団体ＦＩＮＧの活動

ＦＩＮＧ（Foundation Internet Nouvelle Génération）は、主にフランスで、民間企業とパーソナルデータ関連スタートアップ企業とともに、イノベーション活動推進を目的としたプロジェクトを組成しているＮＧＯのシンクタンクである。フランス国内で強力なネットワークがあり、大企業、スタートアップ、メディア、調査機関等とネットワークを形成している。次世代インターネット財団として、２０００年にフランス・パリに設立された。

このＦＩＮＧが主体となって、２０１２年から２０１８年にかけてＭｅｓＩｎｆｏｓ、ＤａｔａｃｃｅｓｓＳｅｌｆＤａｔａＣｉｔｉｅｓと名付けられた実証実験プロジェクトを実施した。

図12 FINGによる実証プロジェクト

| 取組 | 概要 | ステータス |
|---|---|---|
| MesInfos | 第1段の取り組みとして、2013年に、300人のテスターに対して、パーソナルデータをテスターのパーソナルクラウドに還元する実証実験を実施。<br>第2段の取り組みとして、2016～2018年にかけて、2000人以上のテスターに対して、参加企業が保有するパーソナルデータをCozy Cloudに還元する実証実験を実施。<br>→Cozy Cloud上に、パーソナルデータを活用するアプリケーションを構築しており、外部にパーソナルデータが流出しないモデルを採用。 | 終了<br>(2013年～2018年) |
| Dataccess | 2017年にDataccessワーキンググループが発足し、個人の「データポータビリティの権利」を発展させる(企業の「データポータビリティの権利」の対応を促す)ために、様々な企業・組織間で共通のフレームワークを構築。 | 終了<br>(2017年～2018年) |
| Self Data Cities | 2018年9月から、ナント(Nantes Métropole)、ラ・ロシェル(La Rochelle)、リヨン(Métropole de Lyon)の3都市で、パーソナルデータを活用することによって、各都市の課題の解決や住民の生活の改善を目指すプロジェクトを実施中。 | 実施中<br>(2018年9月～) |

出典：FINGへのヒアリングを元にNTTデータ経営研究所にて記載

## ＭｅｓＩｎｆｏｓ

ＭｅｓＩｎｆｏｓでは、政府や民間企業が保有する個人データを、個人の意思でＰＤＳ（パーソナルデータストア）に預けるための環境の構築に向けた実証実験を実施した。

この実証実験では、個人が、実証実験に参加するＭＡＩＦ（損害保険会社）、ｏｒａｎｇｅ（通信会社）、ＥＮＥＤＩＳ（電力会社）等が保有する保険契約データ、通信履歴、電力使用データ等のパーソナルデータをＰＤＳ（本実証実験では、Ｃｏｚｙ Ｃｌｏｕｄの保有するクラウドを利用）に蓄積させる。試験者はＰＤＳ上に集約された自身のパーソナルデータをスマートフォン等から閲覧することができるとともに、ＭＡＩＦ、ｏｒａｎｇｅ等が提供する、パーソナルデータを活用した様々なアプリケーションによるサービスを受けることができるものである。

参加する企業にとっては、ＧＤＰＲの施行により、個人の求めに応じて企業が保有しているパーソナルデータを個人に電子的に提供する必要があるため、ＭｅｓＩｎｆｏｓで取り組んだ仕組みを今後も活かすことができる。また、企業はパーソナルデータを個人に提供するだけでなく、ＰＤＳに蓄積された、他社保有のパーソナルデータも含め、統合されたパーソナルデータを分析し、それらの結果を基にした新たなサービスを開発・提供できるといったメリットもある。一企業が保有しているパーソナルデータは個人の一面にしか過ぎないが、様々な企業が保有しているパーソナルデータを統合することで、より深く顧客を理解することができ、最適なサービス提供につながるものと考えられる。

個人にとっても、データポータビリティの権利を行使するにあたり、一企業ごとに別々の仕組みであるよりも、同じ仕組みで様々な企業から自身のパーソナルデータを集約できる方が有難い。

また、ＭｅｓＩｎｆｏｓでの仕組みは、ＰＤＳであるＣｏｚｙ Ｃｌｏｕｄ上に、パーソナルデータを活用するための各社のアプリケーションを構築しており、先に紹介した英・ｄｉｇｉ．ｍｅと同様、外部にパーソナルデータが流出しないモデルを採用している。

ＭｅｓＩｎｆｏｓ参加企業

２０１２年〜２０１４年

保険：ＡＸＡ

銀行：Banque Postale、Crédit Cooperatif、Société Générale
通信：Orange
小売：Intermarche

2016年～2018年
保険：MAIF
銀行：Banque Postale、Credit Cooperatif、Société Générale
通信：Orange
電力：EDF、ENEDIS
プラットフォーム提供企業：Cozy Cloud
※2017年より、NTTデータも日本企業から唯一、MesInfosに参加。

## Dataccess

Dataccessは、個人の「データポータビリティの権利」を発展させるために、様々な企業・組織間で共通のフレームワーク（仕様やガイドライン等）を構築することを目的とした取り組みである。

Dataccess参加企業
パーソナルデータ活用を検討している主要8企業が参加
協同組合信用金庫：Crédit Coopératif
電気：Enedis
電気・ガス：Engie
ガス：GRDF
保険：Maif
全国教育共済組合：Mgen

図13　Dataccessが想定する3つのモデル

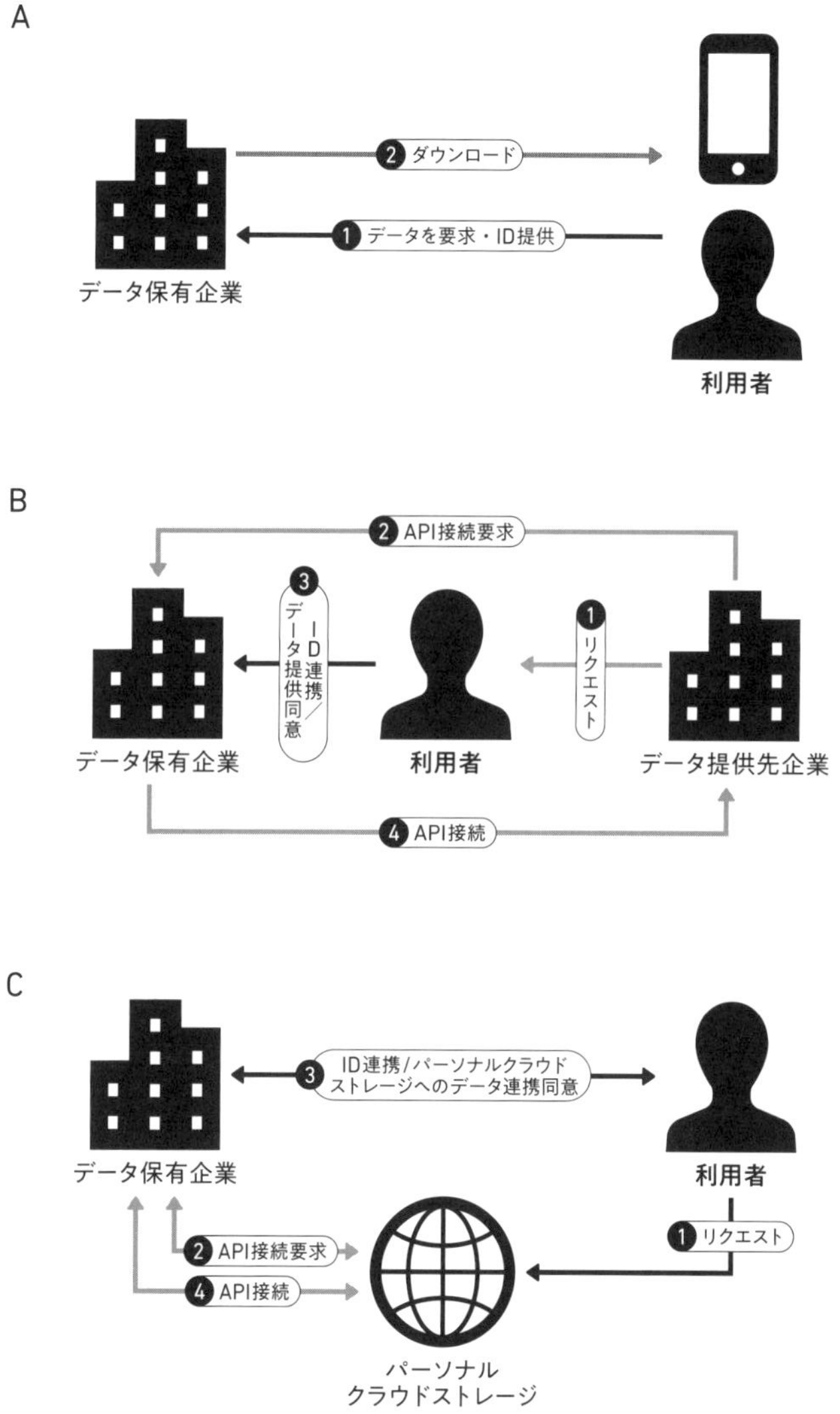


出典：Data-responsible Enterprises User Experience and Technical Specifications V1–February, 2018を基に作成

通信：Orange
金融：Société Générale

この取り組みの成果として、ユーザーに企業の保有するパーソナルデータを返還する3通りのモデルでのシナリオを定義し、それぞれの仕様等の検討がなされた。

**1.** ユーザーデバイスへのダウンロードモデル
企業の保有するパーソナルデータをユーザーのスマートフォン等のデバイスにダウンロードする。

**2.** 企業間への連携モデル
企業の保有するパーソナルデータをユーザーが指定する別の企業に提供する。

**3.** パーソナルクラウドストレージへの連携モデル
企業の保有するパーソナルデータをユーザーが指定するパーソナルクラウドストレージに連携する。

## Self Data City Project

Self Data City Projectでは、ナント、ラ・ロシェル、リヨンの3都市で、パーソナルデータやオープンデータを活用し、エネルギー移行やモビリティ等のテーマにおける公共サービスの開発に取り組んでいる。例えば、リヨン市では、行政、市民、民間企業（仏大手電力事業者EDFやITスタートアップ等を含め47のパートナー企業）が連携し、地域の課題解決のためのサービス開発に取り組んでいる。

## MyData Globalの活動

MyData Globalは、「個人がパーソナルデータを自分自身のために使い、自分の意思で安全に共有できるようにする」という個人中心のMyDataの考え方を世界に発信していく国際的なNGO組織である。2018年10月11日にグローバルな法人組織として設立されるまでは、MyData.orgとして、FINGメンバーも含む、欧州各国

図14　My Dataカンファレンスで取り上げられた10のテーマ

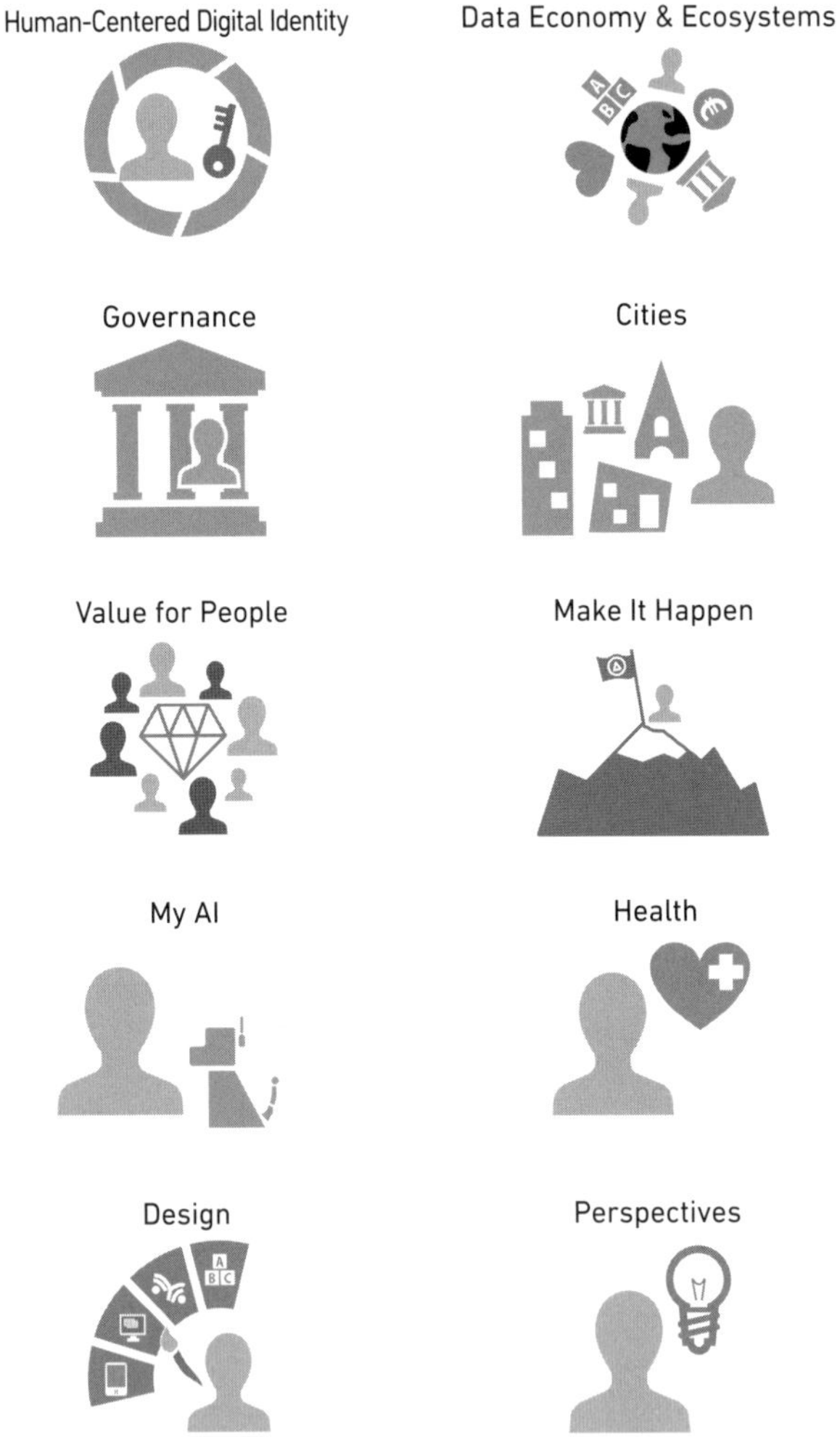


出典：MyData Global Webサイト

のメンバーが中心となって、ＭｙＤａｔａカンファレンスの開催・運営や、パーソナルデータ流通・活用での標準化の検討等の活動を行ってきた。ＭｙＤａｔａカンファレンスは、２０１６年から毎年フィンランドのヘルシンキで開催している、個人中心のパーソナルデータ活用に関する国際カンファレンスである。２０１９年は9月25日から27日にヘルシンキにて開催された。

法人化により、グローバルな組織となり、２０１９年7月時点で、世界40カ国以上、個人会員が５００人以上、法人会員70社以上が会員として加盟、日本のＨｕｂは一般社団法人ＭｙＤａｔａ Ｊａｐａｎが担っている。

ＭｙＤａｔａカンファレンス２０１９では、10のテーマごとに様々なセッションが行われた。

## 中国

### BATによる寡占化が進む

中国政府は、イノベーションによる発展を目指しており、経済発展とともに、BATと呼ばれる巨大デジタル・プラットフォーマー企業3社を中心にパーソナルデータの寡占化が急速に進められた。BATは、生活に密着したあらゆるサービスを提供しており、人々がそれらのサービスを利用するごとにあらゆる種類の膨大なデータが企業内に蓄積される。欧米や日本のような、個人主導でのパーソナルデータの流通・活用といった議論は進んでいない模様だ。

例えば、BATの一つであるアリババグループは、优酷（動画共有サービス）等のエンターテインメントサービス、天猫（オンラインショッピングモール）、淘宝網（消費者間取引のネット通販）等のEコマースサービス、餓了麼（出前注文アプリ）、高徳地図（地図情報サービス）、関連会社のアントフィナンシャルによる各種金融サービス（決済プラットフォームのアリペイ、オンライン資産管理サービスのユエバオ、個人スコアリングサービスのジーマ信用、保険サービスなど）など、様々なサービスを展開している。

図15　アリババグループの生活に密着したサービス

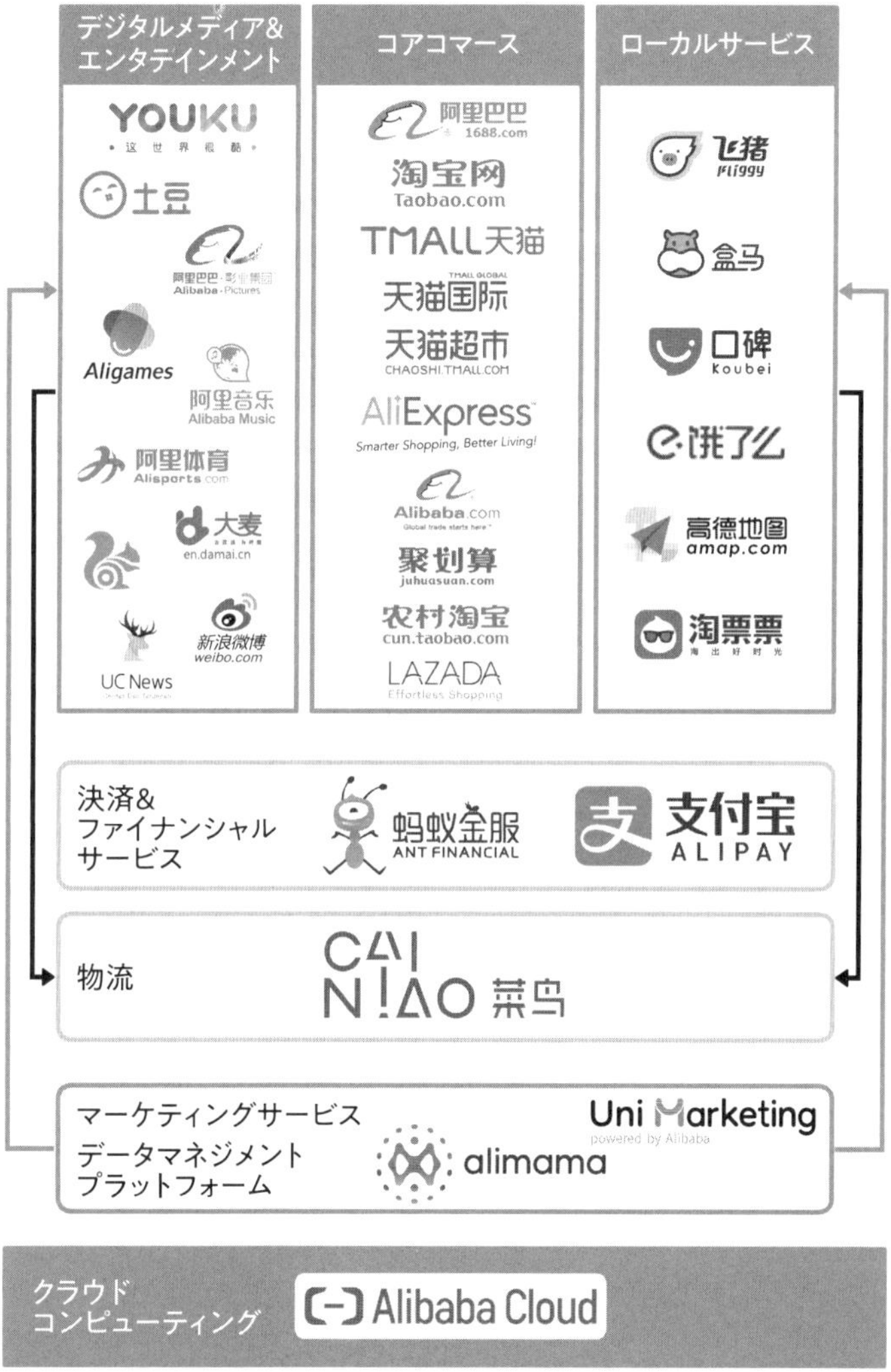


出典：アリババ株式会社　公式Webサイト

アリババ関連企業であるアントフィナンシャルのジーマ信用は、同社のスマホ決済のアリペイの使用により蓄積された決済データや、アリババグループのサービス利用により取得した様々なパーソナルデータを活用して個人の信用度をスコア化するサービスである。提携するホテルや賃貸物件、自転車・充電器等のシェアリングサービスもジーマ信用のスコアが一定以上あればデポジットは不要となっている。ジーマ信用のスコアによって、アントフィナンシャルの提供するローンの条件が良くなるといったメリットもある。

また、2017年8月、アリババは大捜車と共同で自動車の自動販売機のプロジェクトを立ち上げた。ジーマ信用のスコアを活用し、750点以上のスコアのユーザーを対象として、自動販売機の中の自動車を選択し、顔認証による本人確認を行い、頭金を10％だけ支払えばその場で車の鍵を得ることができるようになっている。ローン申請に必要な書類は不要で、スマホ一つでその場でローン審査も完了するというものだ。ただし、実際には当初の計画通りには進んでいない模様であり、オープンしているものの、試乗運転予約サービスにとどまっており、販売に至っていない。天猫で試乗予約した後、自動販売機に設置されたモニターで顔認証を行い、予約した本人と認識されれば、試乗車の鍵を受け取り、

３日間試乗できるというものだ。

# 国際的企業によって利用拡大する自己主権型ＩＤ

自己主権型ＩＤ（Self-Sovereign Identity）とは、「個人は管理主体を介さずに自身のＩＤ（アイデンティティー）を所有し、管理すべきである」と考えるデジタルムーブメントのことである。

例えば、インターネット上のサービスを利用する際、そのサービスは会員登録によってＩＤを発行しており、ＩＤの管理主体はサービス提供者側にある。個人はサービスごとに異なるＩＤを入力し、ログインしなければならない。また、就職の際に大学の卒業証明書が必要となった場合、必要になった都度、管理主体である大学側に卒業証明書の発行を依頼しなければならない。仮に少子化の影響等で出身大学が廃校になった場合、卒業を証明してくれる存在が消えてしまうこともありうる。そういった、自身の様々なＩＤがバラバラに管理されている現状に対して、自身のＩＤは自身で所有・管理すべき、といった考えに基づいた取り組みが世界で進められている。

ここでいう、ＩＤ（アイデンティティー）とは、Ｗｅｂサイトにログインする際に必要なＩＤ（ログインＩＤ）、さらに、本人の身分証明書や学歴、職歴等の情報について語られることが多いが、広義には、あらゆるパーソナルデータのことを指す。

情報銀行は、分散する様々なパーソナルデータを集約・管理するが、その管理主体は、厳密に言うと個人ではなく、個人からパーソナルデータの預託を受けた情報銀行を運営する企業にあるため、個人自身が管理主体となる自己主権型ＩＤとは区別すべきである。

この自己主権型ＩＤを実現するためには、分散型ＩＤ（非中央主権型ＩＤ、Decentralized Identity）と呼ばれる本人認証の仕組みが有効と言われており、ＩＢＭやマイクロソフト、アクセンチュアなど大手ＩＴ企業が自己主権型ＩＤの開発に取り組んでいる。

分散型のブロックチェーン技術や暗号技術を活用した分散型ＩＤにより、現実社会の身分証明のように、個人がデジタルなＩＤを用いて自分の身分を安全に証明することができると言われている。

図16　中央収集ではない分散型のスキーム

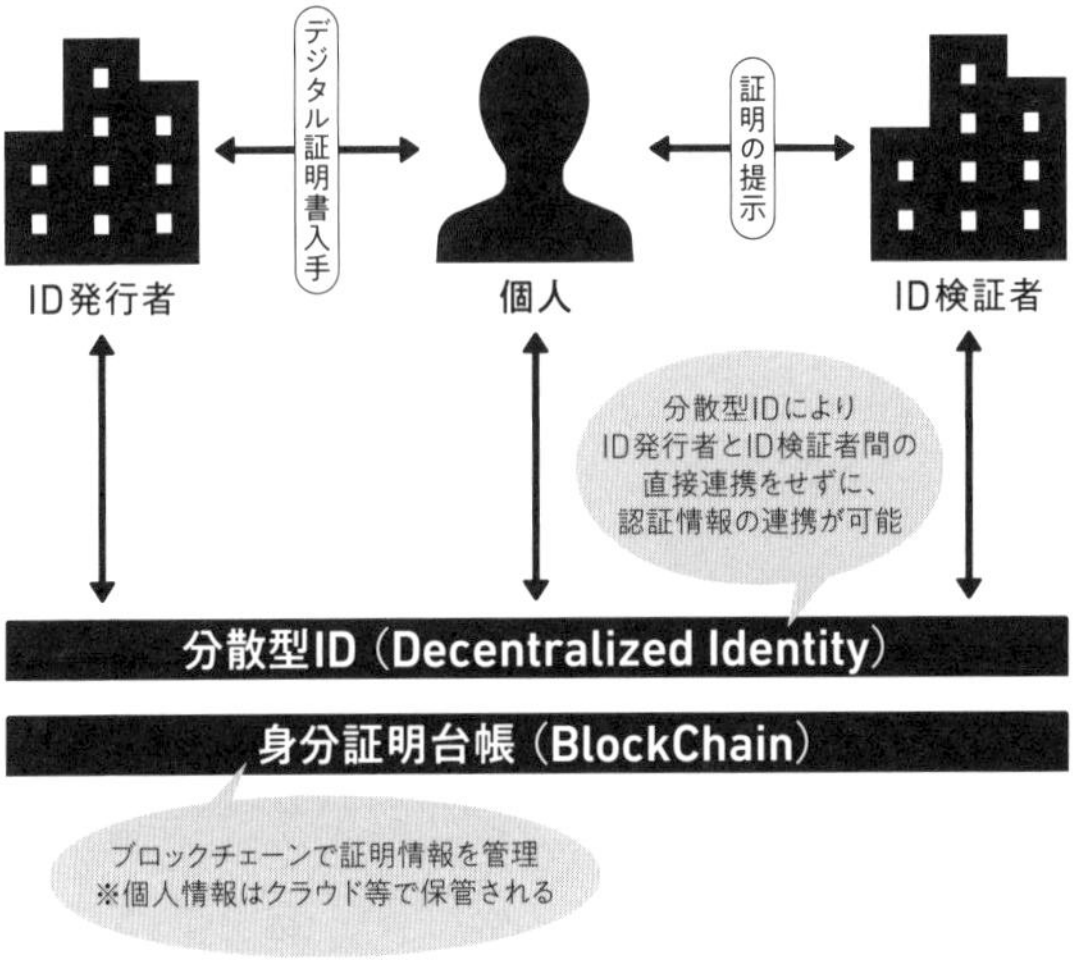


出典：Mydata2018 Drummond Reed氏講演資料を基に作成

## ブロックチェーンで情報管理

ＩＢＭは、２０１８年4月、創立幹事メンバーとして自己主権型ＩＤを推進する非営利団体のＳｏｖｒｉｎに参加し、他のスチュワードメンバーとともに、Ｓｏｖｒｉｎの分散型デジタルＩＤネットワークを構築、運用、保守することを公表した。

マイクロソフトは、２０１８年10月、分散型ＩＤプラットフォームについてのホワイトペーパーにて、ユーザーアカウントの管理にブロックチェーン技術を採用し、分散化を進める計画であることを発表した。その後は、２０１８年12月、デジタルＩＤの管理や使用方法改善のためのマスターカードとの戦略的提携を発表。そして、２０１９年5月には、分散型ＩＤプラットフォームの試験版の発表に至った。

この分散型ＩＤのプラットフォームは、「Ｉｄｅｎｔｉｔｙ Ｏｖｅｒｌａｙ Ｎｅｔｗｏｒｋ（ＩＯＮ）」との名前で、ＤＩＦ（分散型ＩＤのためのオープンエコシステムを確立し、すべての参加者間の相互運用性を確保するために必要な基礎的要素の開発に焦点を当てた、エンジニアリング主導の組織）と共同開発された。分散型ＩＤの世界規模での性能要件を満たすものだという。今後、正式版のリリースに向けて、さらに開発を続ける予定となっている。

これらの、分散型ＩＤで実現されるユースケースについて、いくつか紹介する。

## 難民等の支援（ＩＤ２０２０）

ＩＤ２０２０という名の、国際的な官民共同プロジェクトが進められている。難民等の公的な個人認証手段を持っていない11億人以上の人々に対して、デジタルな公的個人認証手段を付与することを目的としたものだ。このデジタルな公的個人認証手段において、分散型ＩＤが使用される。マイクロソフトやアクセンチュアがＩＤ２０２０に参加し、技術的な支援を行っている。

## ＫＹＣ（Know Your Customer）

ＫＹＣとは、金融機関等が顧客と取引を開始する際に必要となる本人確認義務のことである。例えば、銀行は口座開設の際に顧客から公的身分証明書の提示を受け、本人であることを確認している。日本においては、犯罪収益移転防止法によって、顧客の本人確認が金融機関等に対して義務付けられているが、顧客から本人の顔写真と公的身分証明書の写真等の送信による、オンラインでの本人確認も認められている。

この、オンラインでの本人確認の実現手段の一つとして、分散型ＩＤの活用が考えられる。

口座開設時のデジタルでの身分証明書による本人確認だけでなく、住宅ローンの申し込みの際に、収入の証明や勤務先の情報、その他の信用情報などの確認にも有効と思われる。

また、住所変更があった際も、顧客がＩＤ情報を更新し、これまでＩＤ連携した先のリストから最新のＩＤ情報の提供先を選択・提供するといった活用方法も考えられる。

## 医療データの連携

医療データの連携についても、分散型ＩＤの活用事例としてよく挙げられている。例えば、健康診断の結果を受けて、病院に診療を受けに行くケースだ。健康診断結果を分散型ＩＤとして、患者自身が病院に提供を指示する。その際、その健康診断結果が改ざんされていない正しいものであることをＩＤ検証者が証明する。

ＩＢＭやマイクロソフトといった世界規模のＩＴ企業が進める分散型ＩＤによる自己主権型ＩＤの仕組みがオープンになり、活用するサービスが次々と生まれ、ｉＯＳやＡｎｄｒｏｉｄのように事実上、標準化される未来も近いかもしれない。

第4章

# パーソナルデータの未来像

これまで、パーソナルデータに関する考え方や国内外の事例などパーソナルデータの現在像を紹介してきた。本章では、その先に見える未来について、シミュレーションの形で示していく。

登場する「ワタシ」をはじめとする人物は、20代後半から30代くらいをイメージしている。子育て中であったり、恋人同士だったり、ライフステージはバラバラであるが、それぞれの日常がどのようにパーソナルデータの活用によって変わっていくのかを描いてみた。5年くらい先を想定した、ある程度、パーソナルデータの活用や、情報銀行が浸透している未来像だ。

なお、パーソナルデータ活用のためのツールについては、スマホやPCだけではなく、AlexaなどのAIアシスタントも考えられるが、統一性を出すためにシミュレーションの中に出てくる「情報銀行アプリ」としている。

また、各シミュレーションの最後には、描いてきた未来の説明を付記した。

シミュレーション1

# 子育て

## 学習 教育カリキュラムをオーダーメード化

朝6時に設定した目覚まし時計がけたたましく鳴り響く中、今日も我が家の一日が始まる。結婚生活は10年を超え、3人の子供にも恵まれ毎日慌ただしくも楽しい毎日が続いている。今年小学校に入る次男はいつも早起きで、だいたい時計が鳴る前にはベッドから出る。小学校に入る前に、少しでも勉強を進めておいてもらおうと始めた教育サービスに取り組んでいる。去年から始めた書き取り教材は、子供一人一人の進み具合に合わせた問題が自動で設定されている。ここのところ次男はひらがなの書き取りを練習しているが、「な」の書き順が苦手なようで、10回連続「な」を書かされたと文句を言っていた。

書き取りのみならず、計算ドリルも含めこれまで解答した結果は全て記録されていて、個人に合わせたカリキュラムだけでなく、カリキュラム全体の編成見直しや、データを文部科学省と共有することで学習指導要領の見直しに活用されている。

長男は小学校4年目。「4年生」ではなく「4年目」と呼ばれる理由は、教育に関するデータ活用が始まって以来、「学年」という括りがなくなったからだ。データに基づいて生徒個々人に合わせた教育カリキュラムが作成され、成績や評価は日々全て分析されて適宜カリキュラムに反映される。そのためクラス替えは学習の進み具合に合わせて頻繁に行われるし、中学・高校では中間テスト、期末テストが不要になった。

成績という名で可視化される個人のスキルも多様化した。子供たちの行動履歴から、国語、算数などの学力指標だけでなく、創造力、やり抜く力、リーダーシップなどの学力以外の能力が行動履歴からスコア化されているのである。これらのヒューマンスキルの育成も踏まえたカリキュラムが組まれるようになった。データは、小学校、中学校、高校と進級しても共有されるだけではなく、学習塾とも共有され、効率的な教育に一役買っている。落ち着き具合や集中度、友人関係によってクラスの座席表を決めているという話を聞いたときは驚いたものだった。

体育の授業も様変わりした。筋肉量や体重から子供たち個人の運動能力が可視化されているため、個人単位のトレーニングメニューに沿って体力向上が図られている。団体競技の場合は、子供たちの特性に応じて得意なポジションをやらせたり、逆に未経験のポジションであっても、データから適性をあぶりだして経験させたりという活用がなされている。

健康管理

## 子供の成長に寄り添う

今年3歳になる長女が起きてきた。情報銀行アプリ内のトイレトレーニング機能から通知が来たようだ。トレーニングパンツで収集しているデータから用を足しそうなタイミングを通知してくれる。「おトイレ行く?」と声をかけるとおずおずとうなずく。こうして収集されたデータは紙おむつの新商品開発に活用されている一方で、紙おむつに内蔵されたセンサーが体形データを取得することで、体に合わせたオーダーメードの紙おむつを消費数に応じて配送してくるサービスが提供されている。

最近は紙おむつだけでなく、ベビー用品店に誕生日と性別を伝えると、様々な子育てセットが送られてくる。ここから身長、体重、体温、体形からミルク消費量までありとあらゆるデータが自動的に収集され、タイミングを見計らったように、「最近ミルクの量が少ないですが、許容範囲内です」とか、「そろそろお食い初めの時期ですが、食器セットはお揃いですか？」と、まるで経験豊かな高齢者が寄り添ってくれるかのような安心感がある。子育てがどんどん孤独な作業じゃなくなっているな、と感じる。

起き抜けにメールボックスを確認すると、七五三の案内と合わせて予防接種のお知らせが届いていた。母子手帳やお薬手帳、病気や投薬履歴も含め、娘の健康に関わるデータは全て一元管理されている。おかげで先日旅行中に急な病気になった時、現地の病院でも簡単な本人確認だけでかかりつけ病院と同じ対応を受けられた。

特に助かっているのは病気の「予測」だ。サービスに登録して、必要なデータを毎日送るだけで（といっても自分は何もせずにセンサーが勝手にデータを集めてくれるのだが）、「1週間後に熱を出すのでは」と予測を通知してくれるのだ。はじめのうちはデータが少なかったせいで、熱が出る予測を外すこともあったが、一年もたてば予想に必要なデータが蓄積されて予測の精度が高まってきた。

急な体調不良に備えて、地域サポートサイトを見ておこう。最近の子育ては地域の課題として多くの組織が取り組んでいる。家計にベビーシッターを頼むほどの余裕はないので、こうした地域の支援は重要だ。サイトの情報からは、近所に小学校の先生をやっていた高齢者がいることなども分かる。さらには、登録者の地域における過去の取り組みなどの実績から信頼度を指標化してあって、育児をサポートしてくれる人と、サポートしてほしい子育て世代の橋渡しの役割を果たしている。

台所から妻の声が響く。また次男が余計なことをやらかしてくれたようだ。すると、リビングのスマートスピーカーが息子の好きなヒーローの主題歌を流し始めた。過去の個人データから趣味嗜好を知っているスピーカーは、子供の感情の動きを察知して、子供の感情をコントロールしている。遊びに夢中でご飯を食べない子供たちをうまく食卓に誘ったり、寝る時間が近づくと歯磨きと着替えを促したりしてくれる。長男は夜泣きがひどかったが、スピーカーのおかげですっかりよくなった。兄弟ゲンカが減ってきたのも、スピーカーが子供たちのパーソナリティを理解してきたおかげだと信じている。

食事に関しても、子供たちは、朝っぱらからラーメンが食べたいとか野菜は食べないとか好き勝手なことを言って親を困らせる。そこで、食卓にスマートカメラを導入した。画像解析によって食事メニューの栄養素をデータ化して、子供の好き嫌いや栄養の摂取状況をデータ化する。そこから、「たんぱく質をもうちょっと摂取した方がいい」といった分析とともに、好き嫌いまで考慮したメニューを組み立てて通知してくる。

## 未来予測

そう遠くない過去においては祖母から母へと受け継がれ、また地域全体で蓄積されてきた子育てに関するノウハウは、核家族化、都市への人口集中、近所付き合いの希薄化などの様々な要因により継承が困難になってきている。半面、王道やセオリーはあるにせよ、多くの場合、その場その場に合わせた判断や対応が必要とされ、育児初心者である若い夫婦は不安を抱えて子育てをしている。パーソナルデータを活用することで、過去に蓄積されてきた多くのノウハウの中から、まさにそのタイミングで、その子供だけに最適化された助言やおすすめをピックアップすることができるようになる。また、子供の行動や体調から今後何が起こるかという未来予測までも活用が可能となるだろう。少子高齢化が進み、子育ての負担軽減、効果的な教育が喫緊の課題となる日本において、情報銀行アプリの活用は有効な解決策となるに違いない。

シミュレーション2

## 暮らし

### 家計 AIが自動で買い物リストや献立を提案

主婦歴10年のワタシは、夫と2人の子供のために、日々の食料品・日用品を購入する際、複数の店を使い分けている。例えば、生鮮食品は近所の大型スーパーで購入するが、日用品は比較的価格が安い駅前のドラッグストアで購入する。食材にこだわりたいときは商店街の魚屋まで足を運ぶこともある。

仕事帰りに買い物をするためスマートフォンを開く。情報銀行アプリはワタシの位置情報、過去の各店舗での購買情報、冷蔵庫の在庫、各店舗の在庫情報、価格情報等のあらゆるデータを分析し、最適な買い物リストを作成し、提案してくれる。

「冷蔵庫に大根、葱が残っています。本日は近所のスーパーが季節の旬な食材として鰤《ぶり》を仕入れています。帰りに鰤だけ購入すれば、今夜の献立として、鰤と大根の煮込み、大根と葱の味噌汁が作れます。レシピのポイントとして、最後に冷蔵庫にある葱は、鰤大根に散らすと見た目も良く味のアクセントになりますよ」

「1カ月前にボディソープを購入されていますが、そろそろ詰め替えソープを買っておいた方がいいかもしれません」

「いつも購入している炭酸水があと残り1本しかありません。追加の購入の必要はないですか？」

「今日は近所の大型スーパーだと、本日の買い物リスト（鰤、ボディソープ、炭酸水）にある全てが揃い、かつ、トータルの金額が安いです。炭酸水だけは駅前のドラッグストアの方が10円安いですが、本日は時間も遅いので大型スーパー1店舗で買い物をまとめ買いするのはいかがでしょうか？」

この情報銀行アプリの提案に従って、近所の大型スーパーで買い物リストにある商品を購入し、冷蔵庫にある食材を無駄にすることなく夕飯を作ることができた。家の冷蔵庫や貯蔵庫で残り物をチェックし、献立を何にするかレシピサイトで検索し、チラシアプリで各店舗の価格の比較検討を行って、買い物リストを事前に作成するという面倒な作業が自動化したわけだ。この情報銀行アプリなら、経済的に短時間で買い物ができ、そのうえ自分では思い浮かばなかったレシピなど様々な暮らしのアイデアも得ることができる。さらに自宅のＡＩスピーカーと連携すれば、家を出掛ける際に忘れずに買っておかなければならないものがあることを声掛けしてくれる。

## 購買　近隣住民と協力して集団購買

ワタシは、会員制倉庫型量販店で買い物をする際、友人家族と一緒に買い物に行くことが多い。この種の量販店は、まとめ買い前提の大量パッケージや、輸入商品を多く扱っており、日本人にとっては大容量と感じる商品が多い。そこでグループで購入し、大容量の商品をシェアすることで低価格での買い物が実現する。

そうした考えで、同じマンションの住民同士で、大量に商品を購入しシェアするサービスが情報銀行アプリ上にリリースされた。アプリに居住地であるマンション名を入力すると、マンションの住民コミュニティサイトに飛ぶ。サイトのマイページを開くと、ワタシのパーソナルデータを分析した結果から、必要と思われる買い物リストが表示され、集団購買対象候補としているものがあれば、ワンクリックで集団購買に参加申し込みすることができるようになっている。

ワタシの買い物リストだと、A社の2リットルの水6本と、B社の缶ビール3本、C社の洗剤2個が、集団購買の対象となっていたので「申し込み」をクリックした。集団購買にはそれぞれ商品ごとに一定の目標個数が設定されており、今回はいずれも12本だった。申し込んだ時点では、水は目標まであと3本、缶ビールはあと2本、洗剤はあと1個のところまで来ているのが表示された。翌朝、スマートフォンに1件の通知が届いた。

「先日集団購買に申し込んだ、水・缶ビール・洗剤の3点それぞれが、集団購買の目標個数に達しましたので、ネットスーパーでの購入に至りました。代金は後日クレジットカード宛てに請求いたします。商品配達予定日は9月2日午前中で、マンションの管理人室までお届けいたします」

あらかじめ自分のクレジットカード番号を登録しておけば、決済も全て情報銀行アプリが介在してスムーズに購買が完了する。こうして、個人でバラ売りのものを購入するよりかなり安く購入できるのだ。

## 交流 購買履歴から同好の士とつながる

妻からの評判を聞いて、夫であるワタシも情報銀行アプリを使ってみることにした。そして集団購買の候補リストにはないD社のプロテインを対象にすべく、自ら共同集団購買の参加者を募ってみた。このプロテインは通販サイトで3缶だと安く購入できるのだが、1缶あたりの量が多く賞味期限が短いので、1人で3缶を購入するのは躊躇していた商品だ。

通常、情報銀行アプリでは、申込者は固定の匿名ユーザーIDで一覧に表示される。同じIDが何度も表示されると個人を特定されかねない。高いセキュリティを求める人のために、そのユーザーIDをさらにランダムな英数字で暗号化されたIDに毎回変換し表示することも可能となっている。しかし、引っ越したばかりで近所に同じ趣味を持った友達が欲しかったワタシは、あえて、個人の購買行動が見えやすい固定の匿名ユーザーIDで表示させる設定にした。その設定では、ユーザーID宛てにメッセージを送信できる。数日後、1件のメッセージが届いた。「同じマンションの住民です。D社のプロテインの共同集団購買を募集しているのを拝見しました。自分は筋トレが趣味でして、同じくプロテインを日頃から注文して飲んでいます。いろんな会社のプロテインを試しているのですが、今回募集されていたプロテインはオススメですか？　もしよろしければ、情報交換させていただけると嬉しいです！」

マンションに同じ趣味の住民がいた。すぐさま返信する。

「初めまして。ご連絡ありがとうございます。同じ筋トレが趣味の方がいらして嬉しいです。ネット通販の口コミではD社よりE社のプロテインのランキングが高いのですが、両方試したところ、D社のプロテインの方が糖質も極限までカットしているのに味も良いので、気に入っています。いま3缶だと通常で購入するより単価が3割安くなるようです。ワタシは1缶購入予定でして、あと2缶購入される方を募集しています」

すぐに返信が来た。

「なるほど、いいですね。ちょうど、低糖質で飲みやすく価格もお手頃なプロテインを探していました。自分も1缶購入してみます。同じマンションに同じジムに通っている友達がいるので彼にも勧めてみます。そうすれば、3缶で共同購入できるかと思います。ちなみに、いつもはどこのジムに通われていますか？　自分は駅前の24時間営業ジムに通っています。もし同じジムでしたら、ご一緒した際はよろしくお願いします」

まさに通っているジムも一緒で驚いた。その後、彼らと3人で1人1缶ずつ集団購買を行い、ジム友達になった。最近では、食材をマンション集団購買で安価に仕入れて、彼らとバーベキューやお花見会を開催している。このサービスが無ければ、繋がらなかった縁である。

ある日、情報銀行アプリに集団購買で次なる新しいサービスがリリースされた通知が届いた。同じマンションなどの近距離のコミュニティだけでなく、ネット上で繋がる遠距離のコミュニティをターゲットとした集団購買予約のサービスだ。

具体的には団体での貸し切り予約が前提のレストランや、団体予約だと割引になるエンタテインメントの予約サービスである。ワタシの情報銀行アプリにはもともとグルメサイトとのアカウント連携をさせているため、お気に入り登録しているレストラン情報が通知され、それらのレストランの貸し切りや団体予約割引となる情報が一覧になって表示された。さらに情報銀行アプリはワタシのカレンダー情報を読み込んで、空いている日程でのレストラン予約可能枠まで表示してくれる。


「イタリアンF：20名以上の貸し切り予約。9月6日（現時点予約者数13名）」

「焼き肉店G：20名以上の貸し切り予約。9月6日（現時点予約者数15名）」


目に飛び込んできたのは、都内で有名な各地のワインが飲み放題の〝焼き肉店G〟だ。

この店は人気が高いことから、基本20名以上での貸し切り予約が前提となっている。いつも半年~1年先まで予約が埋まっており、行きたくても中々行けなかった店だ。横から子供たちがスマートフォンを覗いてきた。

「パパ！　このお店、美味しかったと前に写真を見せてくれたお店だね。僕も焼き肉食べたい！　ママと一緒に連れて行ってよ」

かねてから妻と子供たちを連れて行きたいと思っていたのだが、貸し切り予約がネックで連れて行けなかった。ワイン好きの妻も喜ぶだろう。即決で予約をクリックする。

「パパ！　ここの焼き肉は本当に美味しいよ。最高！」

「あなた、各地のワイン飲み放題でこの値段なんてコストパフォーマンスが良すぎるわ。いい店ね」

家族全員大満足のようだ。当日は情報銀行アプリで募った他の参加者もいたが、事前に情報銀行アプリにクレジットカード情報を登録していたので、支払いは参加者同士で割り勘をしなくても、自動的に精算がなされていた。日々の暮らしをより便利で豊かなものにしてくれる情報銀行アプリは、我が家でますます重宝しそうだ。

## 未来予測

現代ではリアルな実店舗や、各種サービスアプリなど、各企業がサービスごとに個人のパーソナルデータをバラバラに管理している。個人からすると1社だけのサービスを利用するのでなく、様々な企業のサービスを利用しており、企業が単独でサイト上に登録されているパーソナルデータやビッグデータによる統計分析だけで人物像を創り上げ、一所懸命にサービスの広告やオファーを送ったところで、個人に喜ばれる提案ではない可能性が高い。

各企業ごとに管理する個人のあらゆるパーソナルデータ（趣味嗜好、家族構成、購買や利用履歴、スケジュール、欲しいもの等）を集約し、個人が自分のパーソナルデータを正しい情報に訂正することができれば、情報銀行アプリは一人一人の真の姿や、個人が何を求めているのかを把握し、個人の生活をより良くする適切な提案を出せるようになるだろう。

また、一人一人を真に理解することは、求めるものが同じ人同士を繋げることも可能にする。例えば、今まで個人単位では実施するのが難しかった集団購買、団体予約で得られるメリット（今回の事例ではまとめ買いならではの低価格な商品の購入、団体でしか行けないレストランの利用、団体料金ならではの低価格な交通料金等）を個人単位の利用でも享受できるようになるだろう。さらに、サービス利用をきっかけに似たような嗜好を持つ人たちとの新しいコミュニケーションが誕生し、コミュニティができるきっかけに発展するかもしれない。パーソナルデータの活用は、私たちの暮らしをより便利で豊かなものに変えるのである。

シミュレーション3

# オフタイム

## 旅行 参加者の趣味と日程をAIが調整

そろそろ夏の旅行の計画を立てようと思い立つ。就職してから6年経つが、大学時代の女友達4人グループで毎年海外旅行に行くのが恒例となっている。まずはスマホでSNSのグループに軽くメッセージを送ると、皆からいいね、と返ってきた。さて、いつ、どこに行こうか。

スマホで情報銀行アプリを立ち上げた。一緒に行く友人たちをSNSの友達リストから選択し、「スケジュールを確認」をタップする。すると、過去に一緒に行った旅行の日程や、友人たちが既に埋まっている予定がデータ連携され、AI分析の結果、最適な日程候補をいくつか提案してきた。

次に場所。友人たちはそれぞれアプリに希望地を入力している。Aは、世界遺産巡りは外せない、Bは、日本人が少なく、あまり混雑していないリゾートでゆったりしたい、C

はできればイタリアでグルメ三昧したい、ヨーロッパがいい、といった具合だ。ワタシは、特定の希望を示さず、ＡＩに任せることにした。ワタシが読んだ雑誌やテレビの視聴履歴などから、好みの場所を提案する機能がある。これらの旅行先に加え、日程候補の飛行機の空き状況(各自が加入するマイレージプログラムを勘案した航空会社が選択される)、最適な予算内（昨年の旅行にかかった金額や、各自の預金などから分析される）に収まるか、といった要素も取り込んで、旅程候補が３つ出てきた。この結果に全員の意見が一致し、日本から直行便でイタリア・ローマに行き、ローマの郷土料理が絶品と評判のレストランでの食事、地中海に浮かぶ世界遺産でもあるサルデーニャ島でリゾートを楽しむプランに決定した。早速、アプリで「予約」に進むと航空券とホテル、レストランの予約が完了する。

出発まで１カ月を切ったころ、情報銀行アプリからメッセージが来た。リゾート用の水着やワンピースなどのレコメンドだ。洋服は、直前に手持ちの服から選ぼうと思っていたが、リゾート用のワンピースは持っていなかったことに気がついた。旅行鞄に入れてもシワになりにくく、手ごろで、少し良いレストランでも対応可能な、ぴったりのワンピースが見つかった。過去に購入した服や小物の情報もアプリに登録されているため、ワンピースに合うコーディネイトも表示される。自動作成される持ち物リストを確認し、荷造りは完了した。

ローマの空港に到着すると、情報銀行アプリから配車アプリにデータが連携され、やってきたタクシーで予約していたホテルにスムーズに行くことができた。パスポートのデータが自動的にホテルに連携されているから、ホテルのチェックインもスマホをかざすだけだ。夜は地下鉄でレストランに向かう。予約時間に合わせた行き方も全てアプリでナビゲートされるから、迷うこともない。食べ終わった後の会計も、各自が頼んだメニューに応じてアプリで決済されるため、一人が別のメニューを注文しても不満は出ない。旅行中の購買データはアプリに蓄積されていくため、旅行途中でも予算に対してどの程度使ったか、一目瞭然だ。

帰国後に確認すると、旅行中に撮った写真は、情報銀行アプリ内のPDS（パーソナルデータストア）の旅行フォルダに自動的に蓄積されていた。旅の想い出が蘇る。AIが友人たちと一緒に映った写真を判定してくれるので、それらを友人たちのPDSに連携しておいた。

情報銀行アプリには旅行中に買ったお土産のリストがまとめられている。ボタンをタップすると、ネットショッピングのサイトに連携され、気に入ったパスタソースが買えた。

## 会食 好き嫌いからアクセス、予定までを自動的に調整

今夜は同期の女友達と4人での飲み会の予定が入っていたが、まだ店を決めていなかった。就職して6年、いまも仲が良く、定期的に飲み会を開催しているが、今夜はワタシが店を決める番なのをすっかり忘れていた。ワタシは情報銀行アプリを立ち上げた。自分のスケジュールが表示され、今日の19時からの飲み会の予定を選択する。すると、すぐに提案が返ってきた。

「銀座駅前の、○○はいかがでしょうか？」

情報銀行アプリは、スケジュールから日時と人数、相手は誰かを読み取り、そのメンバーで行くのに最適な店を提案してくれる。飲食店の検索サイトのように画一的な5段階評価ではなく、4人のこれまで行った飲食店への評価や、4人が飲食店の評価において信頼

を置いていると設定しているレビュアーの評価などが反映された、4人のためだけの飲食店の評価スコアが作られ、そのスコアが高い飲食店が提案されてくる。

4人全員がビール好きだったからか、提案されたのは、ビアホールだった。飲食店に対する評価だけではなく、食べ物の好き嫌いや、飲み会にあてる予算、住んでいる場所や各人の直前の予定を考慮したアクセスの良さが反映されている。今日は休日だが、友人Aは19時まで銀座で仕事のスケジュールが入力されていたので、Aの都合も反映されたのだろう。好き嫌いが多い友人Bの苦手な食材もなさそうだ。ワタシは「予約する」を押した。このサービスを通じて予約するだけで、約束をしている友人たちのスケジュール表にはすでにお店の情報が反映されているはずだ。

飲み会には、バスで向かうことにした。バスの乗車サービスのアプリを開き、配車を選択すると、バスが10分後に来ると表示される。そのちょうど10分後、家の前に到着したバスに乗ると、位置情報からバスの乗車を確認し、スケジュールに設定されている飲食店がバスの行き先に追加される。

他の乗客の行き先も含めた最適ルートが計算され、ワタシのスマホには「20分程度で到着予定です」と表示された。到着見込み時間は、道の混雑予測や、今後の乗り合わせ乗客予測も踏まえて計算されている。飲み会には充分間に合いそうだ。

バスの中にはスクリーンがあり、目の前に立つとワタシを確認したのか、帽子が表示された。購入は考えていなかったが、次に予定しているバリ旅行に向けて買ってしまおうか。支払方法を見ると、「リボ払いＯＫ」となっている。ワタシの支払実績や金銭的資産を担保とした信用情報と、情報銀行アプリで管理されている資産を担保に、リボ払いＯＫと判断されたらしい。今月はカードの支払いが既に大赤字だったのだが、スクリーンのボタンを押すだけで、バスの車中で帽子を購入することができた。

飲み会の終盤、突然、お祝いの言葉とともに、誕生日プレゼントをもらった。もうすぐ誕生日なのを忘れていた。サプライズに感謝しながら、プレゼントを開けてみると、旅行のために買うか迷っていたビーチサンダルだった。友人たちは資産管理の情報銀行アプリが提供する相互接続機能を利用し、ワタシが最近ビーチサンダルを買っていないことを確認したのだろう。しかも、最近買った水着に合うデザインで、とても気に入った。

この相互接続機能は、友人として設定している相手の購買履歴の中にプレゼントしたい商品があるかどうかをチェックしたり、最近の好みの傾向から、その商品が相手の欲しがるタイプのものかどうかを確認したりしてくれる。また、好まれそうなプレゼント商品の提案を受けることもできる。先ほど、バス内のスクリーンでビーチサンダルではなく帽子が表示されたのは、このプレゼントが提案されていたからなのだ。

## 趣味 ファンの行動を情報面で支援

子育ても一段落し、ようやく自由な時間ができたこともあり、ここ数年、フィギュアスケート観戦にはまっている。夫には秘密にしているが年間100万円以上をフィギュアスケート関連に充てている状況だ。「推し」（もっとも応援するフィギュアスケート選手）の情報は逐一SNSでチェックしてはいるが、助けてくれるのは、情報銀行アプリの「オタ活応援機能」だ。

フィギュアスケートの熱狂的なファンのことを「スケオタ」と呼ぶが、そのスケオタの活動は結構忙しい。まずは、かなりの倍率になるアイスショーや試合のチケット取りだ。試合は国内だけでなく、海外もある。日程が発表された瞬間にホテルも押さえなければならない。年間数十冊にも及ぶ「推し」の載る雑誌や書籍の購入予約も、アイスショーや試合、テレビCM、ワイドショーやバラエティでの特集などのテレビ放送の録画予約も必要だ。「推し」の関連グッズが貰えるといったキャンペーンもある。

仕事が終わり、今日も情報銀行アプリを立ち上げる。試合の日程と場所が発表されていた。シーズン最初の試合はカナダだ。情報銀行アプリのスケジュールに試合の予定が組まれており、ホテルと航空券の予約を勧められた。早速予約。試合のチケットの発売はまだ先だ。発売になるとアプリが通知をくれ、自動的にチケットサイトに接続してくれるから、大丈夫だ。

この情報銀行アプリは、便利な機能がたくさんある。雑誌やグッズの発売日やテレビ放送日などのイベントの自動スケジュール登録、ECサイトでの商品購入予約、テレビ放送スケジュールに合わせた自動録画予約、各種プレイガイドでのチケット・ホテル・航空券予約支援などだ。観賞用、保存用など、買い過ぎたかなと思った雑誌やグッズなどは情報銀行アプリ内のフリマサービスで売り買いできる機能もある。

情報銀行の登場で、スケオタ活動はかなり活性化している。

## 未来予測

スマホが普及してから、美味しいと評判のレストランであったり、そこまでのルートであったり、好きなアーティストについてなど、様々な情報にスマホ一つでアクセスできるようになった。20年前と比べ、便利さを実感してはいるが、膨大な情報の中から、例えば、「コスパ重視だけれど、雰囲気も良くそこまで混雑していないレストランはどこ」「友人とワタシの空いている日程でお互いの好みにあった旅行先は」といった、曖昧な要望に合致する情報を探し当てることは、大変な作業である。また、世の中、本当に辿り着きたい情報を探し当てる「情報探索能力」が高い人ばかりではない。

情報銀行アプリがワタシをワタシ以上に理解し、ワタシにとって真に必要な情報を簡単に引き出したり、教えてくれたりできるようになると、旅行や飲み会、趣味といったオフタイムの活動の強力なサポーターとなる。

シミュレーション4

# 就職・転職

## 就職活動 行動履歴から志望企業を推奨

気がつけば大学3年の初夏。もう就職について意識しないといけない時期、なのか？　まだ早いような気もするが、手遅れになって困るのは自分自身だ。

しかし、どんな企業に行こうかなんて、全然イメージできてない。ネットの情報を端から端まで見てみても、ピンとくるところはない。

そんなときは、情報銀行アプリだ。ワタシの行動履歴など、パーソナルデータを連係する許可を出すと、早速連絡があった。

「○○ビール社のインターンはどうですか。スケジュールも空いています。あなたと同じ私立文系の学生の申し込みが多いようです」

なるほど、○○ビールを買っているから推薦したってことか。

「君はコンビニでのバイト歴が長いようだけど、飲み物ってどれくらい売れるものなの？」

「そうですね。半分以上のお客様が飲み物を買っていきます。弁当とかお菓子とか、単品で買う方は実は多くなくて、大抵は飲み物も一緒に買う印象です」

「そうなんだ、ありがとう」

（観察力はあるようだ。バイト先のデータを見ても、勤務態度は良いようだ）

○○ビールの面接官である角田課長は、本人が、履歴書や志望動機のエビデンスとして許可を出した情報銀行アプリからのデータを見ながら確認をした。同じく、学生時代に取得した資格の証明書やサークル活動でのボランティア実績なども同様に情報銀行アプリからデータを取得した。

本人からの申し出を客観的に確認できる手段ができることで、より正確に人物像を捉えることができるようになったのだ。

「内定でたっ！　よかった！」

無事、○○ビールの内定をもらい、営業担当として配属される予定だ。面接や試験だけでなく、資格やボランティアの実績を示すことができ、評価されたようだ。これで社会人としての第一歩へ進める。

## セカンドキャリア 職務経歴で転職先とマッチング

「みなさんは再来年に定年となります。その後の働き方については、ご自身でいろいろな可能性を検討し、どうするかを決めておいてください」

○○ビールの課長であるワタシは、会社の総務担当主催のセカンドキャリア研修で、こう言われた。

「そんなこといきなり言われたってなぁ。今まで会社のために身を粉にして働いてきたんだ。もうちょっと面倒みてくれても良いものだろ」

同期はそうボヤいていたが、どこの会社もベテランを多く抱えるほど余裕が無いことをワタシは知っている。

「人生百年時代」と言われて久しい。年金の受給年齢引き上げなどにより、今では定年後も働かないと生活できない時代である。また医療の高度化は、健康寿命の高齢化をもたらし、隠居や引退といった考え方をする人間は少なくなっている。要は年寄りが体力的に元気で、仕事をしないと暇とカラダを持て余すのである。一方で、AIやロボットといったテクノロジーの進化により、同じ仕事を同じやり方でずっと続けることが難しい時代にもなっている。

「お前の担当って法務だったよな。今やAIが業務のほとんどをやっていて、お前の仕事なんて無いんじゃないか。ははは」

同期は営業畑の男で、その率直な物言いが議論を呼ぶことも多いが、鋭い指摘である。その通り。上司からは、再雇用で残ったとしても法務部にはいられないと明言されている。理由は単純で、仕事が無いのだ。そのため企業側も、退職者のセカンドステージについてできる限りの支援をしてくれるようになった。在職時の情報開示も、その一環である。

「新しいことにチャレンジしてみるか」

そうつぶやき、研修所を後にした。


「もう少し自己アピールを強く出せませんか。今後の面接も今のままだと、ちょっと弱気というか」

転職エージェントはそう言うが、こちらは法務一筋30年である。人前で自分語りしたことなど、ほとんどない。そもそも、自分の何を相手に伝えればいいのだ。それすら分からない。

「分かりました。では、勤務先に情報開示を求めましょう。それを求人社へ渡して、評価してもらいましょう」


しばらくすると、情報銀行アプリに○○ビールからメールが届いた。ファイルを見ると、自分の評価情報や、数年前に関わったプロジェクトの概要であった。すっかり忘れていたが、それなりに大きなプロジェクトであり、法務としてもややこしい内容で、当時は苦労したものだった。

「懐かしい。こんなプロジェクトも確かにあったなぁ」

その情報をそのまま求人社へ転送し、後を託した。

「おめでとうございます。採用されました！」

期待していない中での突然の吉報。

「先日情報開示したプロジェクトなのですが、あの内容がすごく評価されました。何でも、今まさに彼らが取り組んでいるプロジェクトに近いものだったみたいで、そこで実績が認められたようです。かなりの専門知識が求められる内容だそうで、その分野でのプロフェッショナリティに期待しているとのことでした」

## 未来予測

2019年時点の就職活動／採用活動において企業は、学生からの自己PR、履歴書、学校での成績、筆記試験、面接など、ある程度の型にはまった情報から、自社の求める人材かどうかを見極め、採用可否を判断している。

その学生のサークルやアルバイトでの活動実績、興味のある分野や趣味嗜好、生活上の行動基準、モノゴトへの理解や思考回路、価値観などのような、学生のより個人的な領域の情報を、本人の許諾の下で知ることができれば、企業はより正確に人物を評価することができる。例えば、企業経営について学ぶ授業で成績優秀の学生が、留学生支援のサークルを長く続けている実態データがあるならば、海外事業との好相性が考えられる。

リーダーシップが取れるとアピールする学生については、サークルでの活動実績の中から、それを読み取ることができる。また、企業が求める人材像とのマッチングという面では、パーソナルデータを分析することで本人も意識していなかった意外な才能を見いだすことができるかもしれないのだ。

つまり、パーソナルデータの流通は、学生個人個人を一人の人間として自立させ、新たな就職活動／採用活動を可能としてくれるのである。

一方で即戦力となる人材を求める中途採用。保有スキルやノウハウの質が採用における評価、判断の最大ポイントといえるが、現在企業は、本人からの自己主張を信じ、受け止めるしかない。

しかし、前職の企業における評価や経歴、スキル、プロジェクト実績などの事実を基にした具体的な情報が連携されれば、本当に自社が欲しい人材なのか、より明確に判断できるようになる。

パーソナルデータの流通により、仕事にかかる人物評価の形が大きく変わることになる。それが、最終的には働き方にも大きな影響を与えるだろう。

シミュレーション5

# サービス

## シェアリング　サービス提供者を事前に評価

結婚して10年になる妻とワタシは、３人目の娘のお迎えでよくケンカをする。

「いや、今週はちょっと仕事が立て込んでいるから、保育園へのお迎えは無理だよ」

「私もこの日は外せない会議なのよ。何とかならないの？」

「うーん。同僚に聞いてみるけど、難しいと思うなぁ。月末近いし」

「ごめんなさい。やっぱりその日の作業を変わるのは無理です。こちらも作業が溜まっていて」

「そうか。やっぱりそうだよなぁ。うーん、どうしたものか」

「そういうとき、シェアエコサービスを使ってみたらどうです？　我が家も結構使っていますよ」

『小さいお子様の世話を代わりに行います』

シェアエコサービスのアプリ上で、優しそうな中年女性がこちらへほほ笑んでいる。1時間2500円。コストとしては安くもないが、払えない額でもない。

「この人、なんかちょっと怪しくない？　この笑顔も嘘っぽいから反対」。妻からのストレートな拒否反応。

「だってほら、評価ポイントもあまり高くないし」

よく見ると確かにそうだ。この人は、シェアエコサービスへ登録したのは最近のようで、評価ポイント数は多くない。

「けど、優しくて良かったっていうコメントが多いよ。悪い人ではないんじゃないか」

「そんなの会ってみないと分からないよ！」

「いやいや、プロフィールとか、よく読んでみようよ」

次のページに彼女の経歴が載っていた。

山梨県勝沼の出身。10年前から勤めていた区立保育園の保育士を病気が原因で辞め、今は病気が落ち着いたので、個人で保育支援業を始めたところ。保育士の資格も持っているし、保育支援業の許諾を得ていることを区が保証している。またハワイアンキルト作りを趣味にしているようで、その作品が何点もインスタに載っていた。我々とのマッチング率は、70％！

「あっ、出身が私と同じ勝沼じゃないの。しかもキルト好きなところも同じ。これって細かい作業ばかりだから、ちゃんと作るのすごい大変なんだからね」

「資格も区の認可もあるみたいだし、何より保育園勤務経験が長いのが安心できるね。マッチング率も70％で、かなり高ポイントだよ。条件や相性が良いんだね」

「そんなことより、勝沼でキルトなんて、絶対良い人に決まってるわ。この人にお願いしましょう！」

あとは、情報銀行アプリ経由で、依頼を出し、細かい条件をつめれば、それで契約成立である。

## 副収入 手元の不要品を効率的に売却

入社3年目、ワタシたちの世代も30代を間近にして、いよいよ結婚ラッシュが始まり、さらには歓送迎会が立て込んだことで、今月はすっかり赤字になってしまった。しかし、来月には夏季休暇を取得しており、バリ島に行く予定がある。何か家の中に売れるものはないかと、情報銀行アプリを開いた。

「3年前アウトレットで購入したブランドバッグを、ここ1年以上使用していないようです。今なら2万円前後で売れそうですが、売りに出しますか？」

売りに出すアイテムについて、提案が来ている。ブランドバッグは確かにしばらく使用していなかったし、最近の服の好みとは合わなくなっていた。まだ2万円もの価値で売れるのであれば、悪くない。「売りに出す」を選択する。すると、5分以内に売却完了と発送依頼の通知が届いた。誰かのウィッシュリスト（具体的な商品や、こんなものが欲しい、いつまでに、いくらなら欲しい、といった条件が並べられている）にワタシが売りに出したバッグに合致する条件があったらしい。バッグは自動的にオークションにかけられ、落札されていたのだ。オークションといっても、あらかじめ希望者が設定していた条件をAIが判断し、自動的に落札者が決まるという仕組みだ。今回は、ワタシの購入履歴から確かにアウトレットモールの正規店舗で購入したものであることが証明できたため、相場よりも高く売ることができた。

情報銀行アプリからは、他にも提案がきていた。

「3年前、プレミアライブで購入したタオルを1万円で買うと言っている人がいます。売りますか？」

提案されたタオルは、昔好きだったアーティストのプレミアライブに行った時に購入したものだ。今は興味が無くなってしまい、ライブにも行っていない。当初購入価格より高く売れるとは知らなかった。ワタシは迷わず「売りに出す」を選択した。

情報銀行アプリは、自分の購入したものやプレゼントされたものがすべて記録されており、金銭だけではなく、物や食べ物についてまで、所有物を資産として一元的に参照することができる。所有物ごとの使用頻度や、直近の購買行動から読み取れる最近の嗜好・興味、市場価値や、他者のウィッシュリスト上の条件との合致から、「あなたが最近、全然使用していない○○は、もう興味がないのではないですか？　実は市場価値が上がっていて、今売ると○○円前後で売れそうですよ」ということを提案してくれる。

食品も同様で、賞味期限が迫った手持ちの食材について、レシピの提案や、飲食店に買い取ってもらう提案がされる。

「冷蔵庫の中のハムが明日賞味期限切れです。駅前のカフェに持っていくと、1000円で引き取ってもらえます」

お歳暮にハムをもらっていたのだが、食べていなかった。今日明日は食べる機会も無さそうだ。「承諾」を押し、駅前のカフェに持っていくことにした。ワタシが持っていくハムはサンドイッチに挟まり、明日、駅前のカフェでフードロス削減施策対象商品として提供されるらしい。情報銀行アプリでは、個人の購入した食品も管理しており、個人もインセンティブを得ながらフードロス削減に取り組めるようになった。

さらに、スケジュールのデータを基に、家や車など、遊休資産の活用もできる。

「旅行に行っている間、部屋を貸しませんか？　該当期間に民泊サイトであなたの部屋に合致する条件で部屋を探している人がいます。一泊5000円前後で売れそうです」

ちょうど夏休みのため、東京に宿泊場所を求める人も多いらしい。旅行中の部屋も、貸し出すことにした。

## 未来予測

人口減少や少子高齢化といった社会問題。これらを解決する一つの可能性として、シェアリングエコノミーという新たな社会のあり方が注目されている。個人と個人が直接やりとりし、自身のモノ・空間・スキルなどをシェア（共有）し合うことで、ともに助け合う共助の社会を実現する。また、モノの所有に代表される経済的豊かさという概念から、モノを持たなくても満足できる精神的豊かさという概念を重要視する社会へ変えていこう、というものだ。

シェアリングエコノミーには、現時点でいくつか課題がある。そのうちの一つが、サービス品質とその保証の問題だ。シェアリングエコノミーは、個人から個人へ直接サービス提供されるものであるため、その品質がどの程度なのか事前に分からないし、保証もされない。モノや空間といった実際目に見えるものは、写真などである程度の品質は確認できるが、人間同士のやり取りとなるお手伝いなどのスキルシェアは、事前に目視できない。過去の利用者の評価やコメントを見て判断することが多いが、判断できるほど情報量が充分ではない場合もある。

安心・安全を見える化するためには、自治体が持つ資格・認可情報や、信用スコアや評価ポイントも重要であるが、パーソナルデータの流通により、相手の個人的な特徴や現在の状況、趣味・嗜好などが分かれば、それは、自分との相性の良しあしを判断する情報ともなりうる。

## シミュレーション6 健康

### 病気 過去の受診歴で急な発病に対応

突然、下腹部に激痛が走りうずくまってしまった。へその周辺がズキズキ痛み、立っていられる状態ではない。ワタシは27年生きてきたけれど、こんな痛みは初めてだ。ついこの間、人間ドックを受けて、何も問題なかったはずなのに。休日の深夜の自宅で、一人ベッドで丸まってもがき苦しみながら、痛みを耐え忍ぶ。

痛み出してから何分経ったか分からないが、一向に痛みが引く様子もない。そろそろ我慢の限界を感じ、119番へ連絡する。最近は、119番もすべてAIオペレーターが自動対応してくれるようになっている。

「こちら、119番豊島区の消防AIです。火事ですか？　救急ですか？」

「救急です。突然、立っていられないほどおなかが痛くなって」

「救急車の要請ですか？　ご自身で病院に行くことはできそうですか？」

「きゅ、救急車をお願いします」

「分かりました。お名前とご自宅の住所、電話番号を教えてください」

「情報銀行アプリ経由で連携します」

情報銀行アプリにログインし、共有するパーソナルデータとして、氏名・住所・電話番号を選択し、共有先としてAIオペレーターを選択し、パーソナルデータを連携した。

「簡単に、現在の症状を教えてください」

「突然、下腹部がズキズキ痛みだして、吐き気と熱があります。つい先日受けた人間ドックの結果は、まったく問題なかったのですが」

「わかりました。至急、救急車を向かわせますので、安静にしてお待ちください」

ほどなくして、救急隊員が部屋にやってきて、休日・夜間診療の病院に救急搬送となった。病院へ向かう道中、隊員から「医療・健康情報を搬送する病院の医師に連携してもよろしいですか?」と尋ねられ、「もちろんです」と自分のスマートフォンから、情報銀行アプリにログインし、共有する医療・健康情報（人間ドックの結果や過去の疾病履歴・投薬履歴等）を選択し、共有先として搬送先の病院を選択して、データの連携を完了させた。

病院に着くと、すぐに診察室に通され、医師と対面した。

「早くこの痛みから解放して」と思っていると、医師から
「まず、上着をまくっておなかが出た状態で、ベッドに仰向けに寝てください」

と言われ、下腹部を軽く触診された。そして、すぐさま、

「急性虫垂炎(盲腸)です。炎症がかなり進行しているので、緊急手術でよろしいですか」

と尋ねられた。ここまで、診察時間は、3分も経っていない。

「え、他に検査はしないのですか」

「連携いただいた、先日の人間ドックの検査結果や119番のAIオペレーターとの会話内容、最近食べたものなど日頃の生活習慣のパーソナルデータ、そして最後に今の触診の反応とを合わせて判断すると、急性虫垂炎の可能性が高いです。抗生物質投与などの内科的治療もありますが、手術で摘出したほうがいいと思いますが、どうしますか」

こうして、さっそく全身麻酔の緊急手術の末、無事、虫垂を摘出して事なきを得た。

## 健康管理 生活習慣に合わせた管理方法を提案

35歳になった今年はとうとう人間ドックの結果で、「メタボリックシンドロームの予備軍」と判定されてしまった。医師には、「健康的な食事と適度な運動を心がけてください」というかなり漠然としたアドバイスをもらったけれども、一体全体、なにをどうすればいいのか。「そりゃあ、健康的な食事と適度な運動をすれば、痩せはするんだろうけど」

そんなことを思って、特に健康的な食事も意識せず、適度な運動もせずに過ごしていると、ある日、ポストに役所から「メタボリックシンドローム改善アプリのリリースのお知らせ」という封筒が届いた。

興味津々で封を切る。中には、「このたび、メタボリックシンドローム改善アプリを開発しました。こちらのアプリに、あなたのパーソナルデータを登録していただくと、あなたの生活習慣や趣味・嗜好にあった、メタボリックシンドローム対策を提示します」と書かれている。

メタボリックシンドローム解消のための具体的な方法を知りたいところだったので、とりあえずダウンロードしてみる。パーソナルデータとして、居住地・勤務先・生活習慣（自炊の習慣の有無・睡眠時間・歩数・心拍数等）・好き／嫌いな食べ物・運動習慣・現在の身体情報（体重や身長・体脂肪率・腹囲等）を自身の情報銀行アプリ経由で、このアプリに登録した。そして、最後に、目標となる体重や体形、タイムリミットを聞かれたので、半年後に「お笑い芸人の、なかやまきんに君みたいな体になりたい」と入力し、設定を完了した。

ほどなくすると、情報銀行アプリから【あなた専用の「なかやまきんに君化計画」完成のお知らせ】という通知が来た。

まず、最初に、現在の自分となかやまきんに君の各指標（体重や筋肉量、脂肪量等）の差がかなり見やすく表示されている。

「なかやまきんに君のようになるには、筋肉を6kg増やして、脂肪を15kgも減らさないといけないのか」

それをどうすれば実現できるのかな?と思い、次の画面を見ると、「食事編」と「運動編」の2つの選択肢が表示されている。

まず、「食事編」を開いてみると、いきなり少なくとも平均して1日500Kcalの摂取をカットしてくださいと示されている。それとともに、基本的な一週間の献立表が記載されている。

普段から家で料理を作ることは全くなく、一日3食外食生活をしており、ユーザー設定時にその旨を登録していた。同時に、好きな食べ物や嫌いな食べ物、好きな飲食店なども登録していたため、自分の自宅や勤務先などの生活圏内にある飲食店で食事をとることを前提として、献立表が作成されていた。

例えば、朝食は、自宅の近くの牛丼屋で、焼き魚定食にトッピングで温泉卵（たんぱく質量を追加するため）、昼食は、会社の近くで有名な焼き肉屋の焼肉定食（上カルビではなく、ハラミ定食）のご飯半分・お肉増量、夕食は、最寄り駅のステーキ屋の、ヒレステーキ300g（ご飯抜き）、そして寝る前にプロテイン1杯等である。好きな食べ物として、肉と回答したので、肉料理が中心の献立となっている。また、記載されている飲食店を利用するとポイントがたまり、割引してもらえるらしい。

「運動編」では、基本的に忙しくて運動をする時間がないということを登録しておいたので、運動のための時間は土曜日と日曜日にしか設けられていない。平日はまったく運動しないのかというと、どうやらそうではなく、自宅から駅までの道や、会社の最寄り駅から会社まで通勤時に、坂道や階段が多い道など消費カロリーが多い道を歩けと指示されている。

さっそく夕食から、献立にしたがって、ステーキを食べに行こうと思う。もちろん、その店までの推奨ルート（消費カロリーが多い道）もちゃんと教えてくれている。

## 未来予測

突然病気が発症したり、事故に巻き込まれてしまうことがある。病気や事故の程度によっては、意識がなくなってしまい、自分のことを正確に医師に伝えることが難しい状況もある。そんな時に、自分のパーソナルデータを保管してくれる情報銀行アプリがあれば、過去の病歴や投薬履歴、血液型、生活習慣等を即座に医師に伝達することができる。また、他の病院での診察結果や検査結果を共有すれば、診察時間を短縮することもできるはずだ。

また、適切な食事や適度な運動を行えない等の理由で、生活習慣病にかかってしまう人もいるだろう。自分では適切な食事や適度な運動を行わなければならないと思っていながらも、その具体的な方法がわからない人が多いのではないか。そんな時に、情報銀行アプリがあれば、自分の好みや生活スケジュールにマッチした、あなた専用の食事・運動メニューを提案してくれ、より健康的に過ごすことができるはずだ。

シミュレーション7

# 金融

## 生命保険　面倒な保険会社とのやりとりを一気に簡素化

今日はついに大規模案件の提案書締め切りだ。時間ギリギリまでプレッシャーと闘う。ワタシも入社して10年、大きな案件を任されるようになり、やり甲斐を感じているが、寿命が縮む思いでもある。情報銀行アプリから「心拍数上昇。深呼吸しましょう。脳の働きを上げるためにもリラックスは必要です」とのメッセージ。情報銀行アプリには、スマホ・ウェアラブル端末等からヘルスケア情報やスケジュール情報等を連携しているため、絶妙なタイミングで的確なアドバイスがあるのだ。ひっそりと深呼吸する。

提案書はなんとかOKが出た。すると、情報銀行アプリから「待ち合わせまであと20分です」のメッセージ。間一髪である。今日は彼女の誕生日で20時からジャズライブの予定だ。

演奏が素晴らしいのはもちろんのことだが、音響、料理とお酒、雰囲気、スタッフの対応、どれをとっても評判以上だった。そして、大きな仕事をギリギリで終えた達成感と安堵感、彼女を喜ばせたい気持ちと少々のお酒も相まって、つい口走ってしまった。

「誕生日には毎年来たいね」

すかさず彼女が「それって、もしかして……」。

帰宅して、改めて気になった。最近の結婚式はどれくらいかかるのだろう？「結婚式 相場」と検索した途端、情報銀行アプリから「ついに決心しましたか？ それとも気が大きくなりましたか？」のメッセージ。内心を読まれている。でも、いつかはと考えていたわけだから、腹をくくるのが少し早まっただけだ。

そうこうしていると、今度は結婚式、ハネムーン、新居、保険に関する情報が送られてきた。

「ん？ 保険？」

まだ若いから、そんなものは要らないと思っていた。しかし、統計では、全生保の生命保険（個人年金保険を含む）の世帯加入率は88・7％、世帯年間払込保険料は38・2万円、直近加入の生命保険に関する加入目的のうち「万一のときの家族の生活保障のため」は49・5％に上るらしい。思わぬ出費だが、責任ある立場になろうというのだから仕方ない。（※数値は、公益財団法人生命保険文化センター「平成30年度生命保険に関する全国実態調査」より）

情報銀行アプリが提示した数社に見積もりするよう依頼する。すると、情報銀行アプリに蓄積している情報の中から、年齢、性別、職業、既往症、過去の銀行・クレジットカード会社との取引情報、歩数や運動データ等、保険会社へ連携する情報が提案されてきた。氏名・住所・生年月日等、個人が特定できる情報や、遺伝子情報等不利になり得る情報を無意味に連携されることがないため、安心して複数社へ見積もりを依頼できる。

将来の家族構成の想定が必要なので、新たに入力した。子供は2人くらいだろうか。数社を選んでOKボタンを押すと、数時間後に各保険会社からおすすめ商品の設計書と見積もりが返ってきた。銀行・クレジットカード会社との取引情報、想定している家族構成から未来の収入・支出が予測され、無理のないプランになっている。また、すっかり忘れていたクレジットカード付帯の海外旅行保険について、病気による死亡・後遺障害は対象とならないこと、今回検討している保険でカバーできること、加えて直近2年間の利用がなく、年会費のみ引き落としという状況であるため解約が妥当であることを指摘されていた。自分では気付くことができない無駄を排除できるのも、提供したパーソナルデータを情報銀行アプリが一括管理してくれている恩恵である。

週末、各社の内容を見比べながら、不明点をチャットで確認する。納得して、1つの商品に絞ることができた。

ワタシは、情報銀行アプリに、氏名・住所・電話番号・メールアドレスおよび健康診断結果の参照権等を保険会社に連携するよう依頼する。数分後に保険会社から必要な情報が転記された申込書が送られてきたので、内容を確認し、承認した書類データと本人確認情報を併せて返送すること、初回保険料をネットバンキングで振り込むことを依頼した。数日後、無事保険会社の審査（健康状態の審査および保険金詐欺等の不正請求に至る可能性がないか、反社会的勢力に該当しないかといったモラルリスクの審査等）を通過し、手続きは完了した。

数年後のある日のこと、ワタシは、締め付けられるような胸の痛み、息苦しさ、めまいとともに失神してしまい、精密検査の結果、大動脈弁狭窄症であることが判明した。今までもめまいや軽い胸の痛みを感じることはあったが、すぐ治まるので単なる疲れだろうと思っていた。この病気はかなり進行するまで無症状のことが多く、時には突然死を迎えることもあるという、いわゆる「サイレントキラー」なのだ。迷う間もなく開胸手術を受けることになった。

退院後、早々に情報銀行アプリから「A生命保険から入院給付金が〇〇円、手術給付金が〇〇円ほど出ます。ナビゲートしますので、請求手続きをしましょう」との案内があった。劇的に体力も落ちたし、退院しても術後の痛みが治まらず、何もする気力が無い。さらに給付金手続きは初めてでよくわからないので放置した。1カ月後、情報銀行アプリから「翌月または翌々月のクレジットカード決済の引き落としができなくなる可能性があります。保険の給付金請求手続きをしてはいかがでしょう」とのリマインドを受けた。突然の手術・入院で想定外の出費がかさんでいたのだ。慌てて手続きを行うことにした。

まず、入院していた病院への手術・入院に関する証明データ送付依頼と本人確認情報の送付、ネットバンキングによる料金振り込みについて情報銀行アプリに依頼した。次に生命保険会社のサイトで、情報銀行に蓄積しているパーソナルデータから必要な情報を反映させ、入院・手術に関する給付金請求書を作成した。病院からの証明データ到着を受けて、その参照権と作成した書類を保険会社へ連携するよう、情報銀行アプリへ依頼した。数日後、保険会社から審査終了の通知が来て、指定した口座へ給付金が振り込まれた。

入院した病院に行くには片道2時間ほどかかるのだが、出向く必要もなく、書類を郵送したりする手間もない。連携するパーソナルデータについても必要なものだけ抽出され、丁寧な確認ステップもある。書類を入手して郵送するより安心で簡便だ。こんなことなら、すぐに手続きしておけばよかった。

今回の病気発症で、「術後、意識が戻らない状態が長く続いたら」「もしものことがあったら」などと考えるようになった。調べてみると、情報銀行アプリにはなんらかの理由により自分で意思表示できない場合に向けたサービスやエンディング系サービスも用意されている。自分でできることは極力やっておきたい。利用サービスとして追加し、随時、必要な情報をメンテナンスできるようにした。

## 住宅購入 物件探しからローン審査までワンストップで

術後5年を経過し体調もすっかり安定した頃、2人の子供が生まれ、賃貸マンションがかなり手狭になってきた。妻が、

「子供が大声で泣いたり騒ぎ回ったり、さすがに気になるの。このマンションは古いから音が響くでしょ。一軒家だったら気にしなくていいんだけど」

と嘆く。そろそろ家を買うか。しかし、ローンを借りたら一体どんな生活になるのだろう。ライブ鑑賞や外食する余裕なんてなくなってしまうのか。車も手放さなければならなくなってしまうのではないか。不安に駆られ、情報銀行アプリでシミュレーションを行う。これまでも似たようなサービスがあったが、情報銀行アプリができてから、パーソナルデータを金融機関と共有することで、より詳細なシミュレーションができるようになっている。


具体的な数字を確認すると、少々切り詰める必要はあるが、なんとか生活していけそうなイメージができたので、銀行で簡易審査を受けてみる。1回目はNGの結果が返ってき

たが、これは完済時の年齢に無理があると判断されたようだ。返済額と返済期間を見直し、再度簡易審査を受けたところＯＫになったので、結果を情報銀行アプリへ保存する。

蓄積されている情報に加えて住宅に関する詳細な要望を登録すると、情報銀行アプリからおすすめの物件が提示されてきたので物件巡りを開始する。借り入れ可能額や要望はもちろんのこと、好みも考慮して合致する物件を都度教えてくれるので、検索する手間もなく、タイムリーに有益な情報を得ることができる。

数カ月かけて巡るうちに、「ここに住みたい！」と思う物件が出てきた。何としても押さえたい。情報銀行アプリに保存している簡易審査結果を不動産業者に共有し、本審査を受ける。この段階で、物件を仮押さえすることができた。

数日後、本審査に問題がなかったことの通知を受け、マイナンバーカードによる認証を行い、物件の売買契約と住宅ローンの正式な申し込みを行った。

人生最大の買い物をしたわけであるが、蓄積されたパーソナルデータを基にしたシミュレーションや物件選定により、望み通りの家と安心を手に入れることができた。感動するとともに心躍る思いである。

## 未来予測

パーソナルデータが流通し、情報銀行が活用されるようになると、各種取引時の書類コピー・送付等の手間が不要となり、様々な手続きが迅速、簡単、かつ正確に行われる。これは、2019年時点で消費者の多くが望んでいる改善ポイントである※。

生命保険では、匿名性を確保しながら諸々のパーソナルデータを複数の保険会社へ連携することができれば、複数社の設計書・見積もり提示を受けることが可能となり、商品選択範囲の拡大も見込まれる。

住宅購入においては、蓄積データ・住宅ローンのシミュレーション結果・要望に基づいた物件抽出、不動産業者や銀行とのデータ連携により、妥協しない物件選びと効率的な手続きが可能となる。好条件の物件の場合、ローン申し込みに手間取っていたら先を越されてしまう可能性もあるだろう。

パーソナルデータの流通、情報銀行の実現は無駄な処理や手間を省くことで自由な時間を提供してくれるだけでなく、チャンスを掴む可能性も広げてくれるのだ。

※一般社団法人生命保険協会「生命保険協会創立110周年記念報告書・提言書」によると、消費者への意識調査において、「医療保険の請求手続をよりよいものにするために、望ましいと思われる対応」として、医療機関に行く手間の軽減：31％、簡易取扱の拡大：27％、必要書類の縮減：13％という結果が出ている。また、「スマートフォンを経由して、医療機関が発行する診断書データを保険会社に提出する方法による、給付金のご請求手続について、実現してほしいと思いますか」については、誤送信に対する懸念は有るものの、73％が実現してほしいと要望している。

# 第5章

# 情報銀行ビジネス登場

これまで、世の中の動き、そこから導き出される未来像について考えてきた。いずれも、個人が中心にいる世界である。一方で、実際のビジネスの現場では、主役は相変わらず企業や団体であり、個人としてのパーソナルデータ活用のメリットが分かっても、果たして企業にとっての有望性はどうなのか、という疑問を持つ方も少なくないだろう。ここで、企業の目線でのパーソナルデータ流通と活用について、まとめてみる。そのうえで、個人と企業が対等な関係となって生まれる、新しいビジネス、社会像についても検討をしたい。

## データがパーソナルになることで革新が起きる

図17をご覧いただきたい。これまで、消費者のデータというものは、各企業にバラバラに管理されてきた。一生涯、同じ店でしか買い物をしない、同じECサイトでしか買い物をしない、同じ会社のバスしか使わないという人は、いないだろう。ほとんどの人は、複数の企業と関係を持っていることになる。

企業は、こうしたデータを活用して、顧客に情報やサービスを提供してきたはずである。

図17　バラバラに管理されているパーソナルデータ

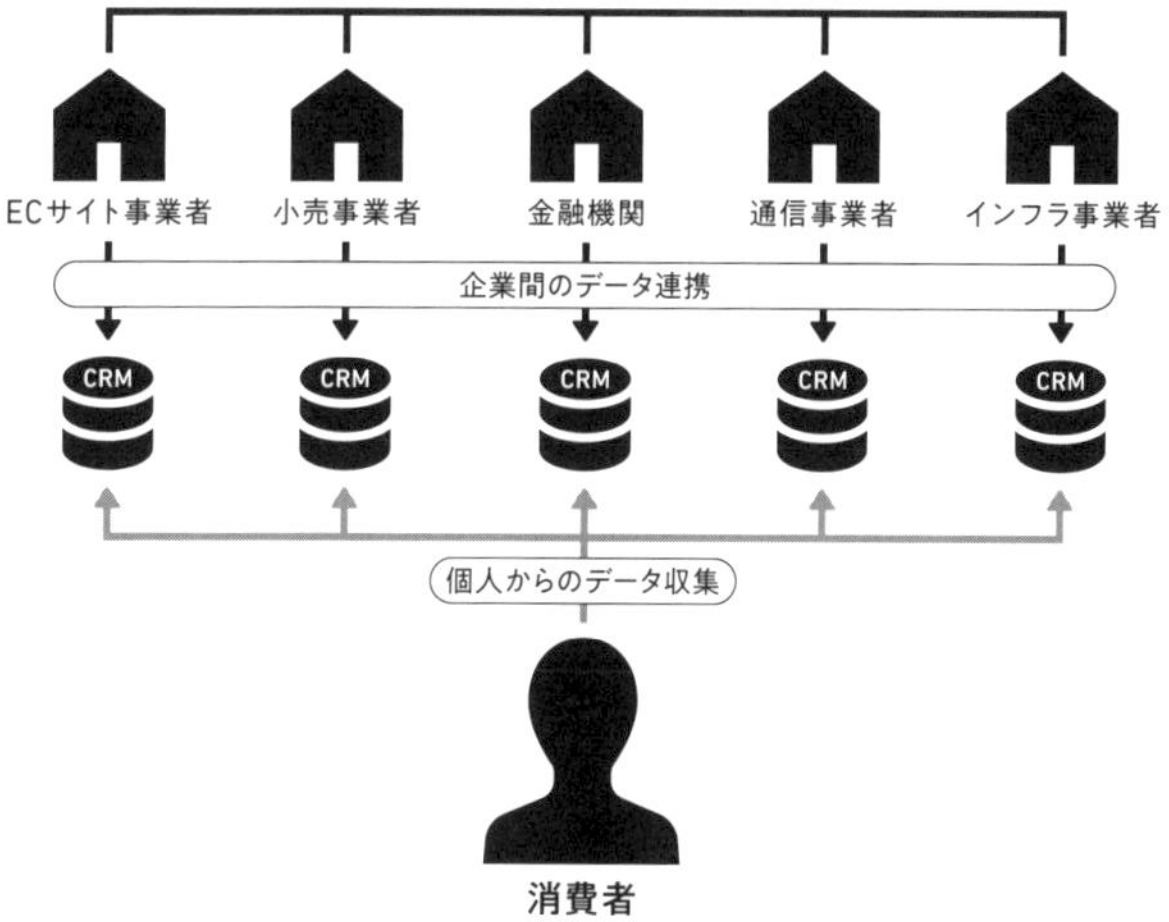

いわゆるターゲット広告などは、自社で保有する顧客データを活用したものだ。

このとき、企業側は、自社が保有するデータが、その顧客のすべてのデータではないことを知っている。そこで、顧客の自社と関わりがない部分のデータを埋めるために、外部からデータを取得（購入）するのである。

トレジャーデータ（東京都千代田区）という企業は、各社からPOSデータ（商品を購入した際のいつ、どこで、何を、誰が買ったのかというデータ）を購入して集め、それを販売している。もちろん、個人を特定できない形になっている（そうであっても、利益の源泉であるデータを生み出した個人に何も還元されないのかは、疑問である）。また、キャンペーンやプロモーション（自動車が当たる、旅行が当たるなどの懸賞など）の機会でも、企業は消費者から情報を収集している。

こうした情報を活用して、サービスを提供しようとするのであるが、どうしても、そこには本物の消費者個人とのかい離が生じてしまう（図18）。

そのため、一所懸命に企業が消費者に情報を提供しても、それは、不確かなデータが含まれた「推定された消費者」に対して情報提供をしているにすぎず、消費者からしてみれ

図18　データを買い集めてきても限界がある

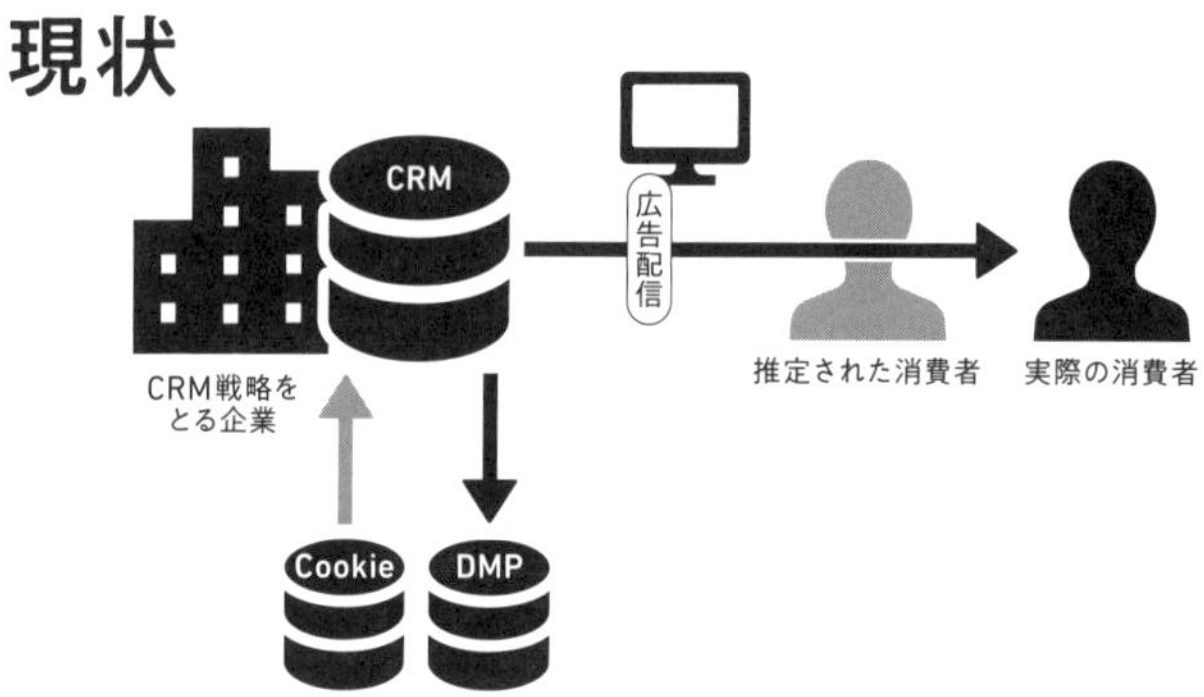

ば、「自分とは関係のない情報」や「自分の興味がない情報」が提供されてくることになる。

娘へのクリスマスのプレゼントとして、ＥＣサイトで、アニメのキャラクターのフィギュアを購入したとする。すると、翌日からあなたの検索ページには、類似の広告があふれかえる。もちろんそうした「フィギュアを誰かのために購入する人」というペルソナは間違っていないのであるが、もしそこに、「子供がいる親」という属性を企業が持っていたなら、こうした少しピントがぼけた広告は見られなくなるはずだ。その結果、企業の広告情報より、誰かのＳＮＳでの「いいね」の方が購買判断に影響を及ぼすようになる。

そうであるならば、いっそのこと消費者から、直接情報をもらい、それに基づき、商品サービスを提供すればいいではないか、というのが「ＶＲＭ」（Vendor Relationship Management：企業関係管理）の考え方になる。これをもう少し企業目線で解釈すれば、「ＣＲＭ（Customer Relationship Management：顧客関係管理）を消費者とシェアする（Ｓｈａｒｅｄ ＣＲＭ）」という考え方になる（図19）。

企業は、自社で保有する顧客情報を、その顧客本人と共有する。誤りがあれば訂正し、場合によっては仕分け作業をしてもらう。

図19　データを提供して見返りにサービスを受ける

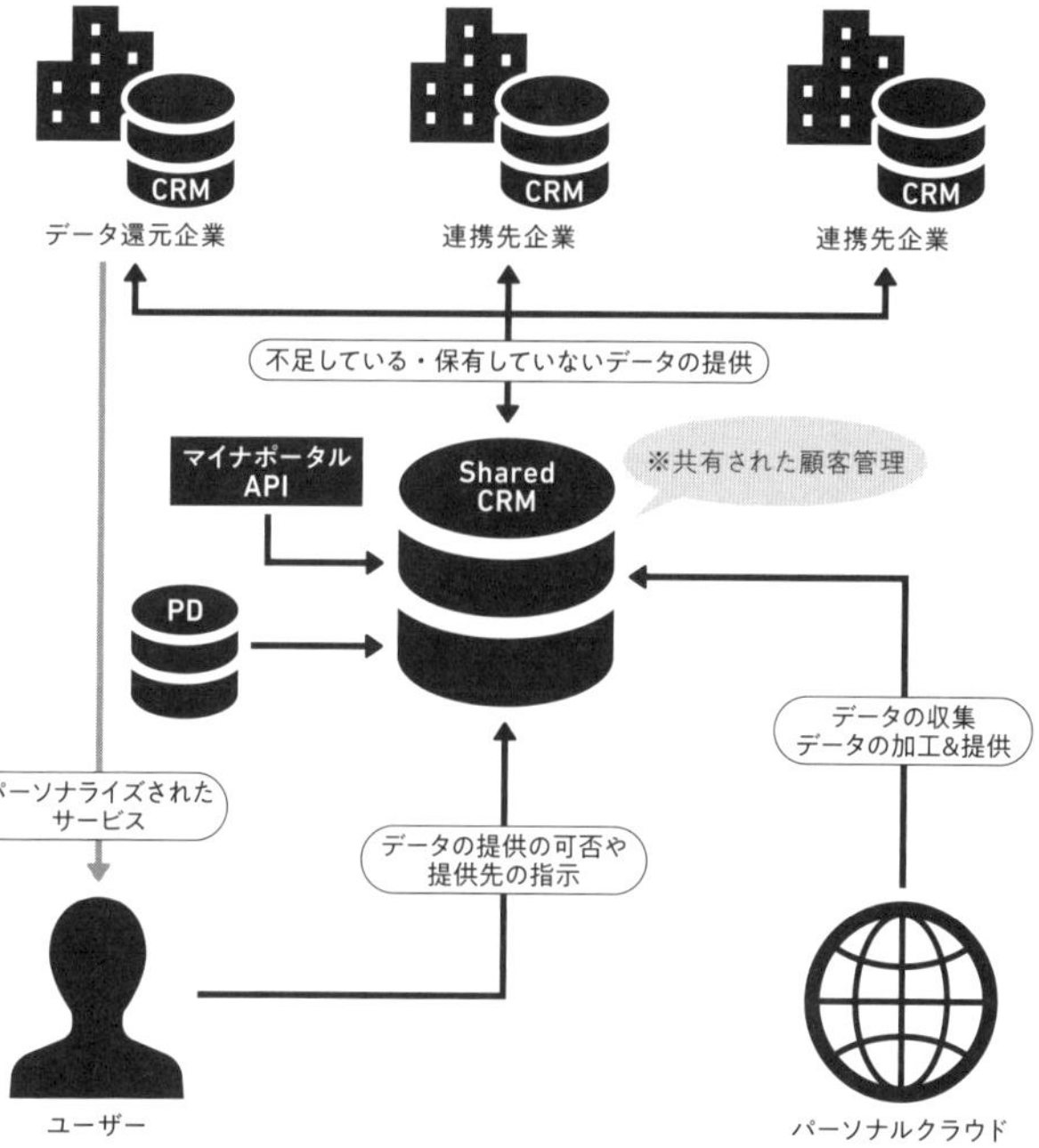

週末に、家族で洋服を買いに行き、母親はセーターを、子供は靴下を、父親は下着を買った。それを「お父さんのポイントカードで支払っておいて」となったとする。そうすると、そのポイントカードの持ち主の購買履歴に、女性用のセーター、子供用の靴下、男性用の下着が記録される。もちろん企業は、家族のために買ったのだろうなと分析するかもしれないし、この人は体のサイズが小さいから、あるいは、かわいいものが好きだから、そのような商品を購入したのかもしれないと分析するかもしれない。買い物をしたデータを消費者と共有できれば、ポイントカードの持ち主に、商品の仕分けをしてもらって、家族の分を履歴から削除してもらえばいいのである。現に、あるECサイトでは、購買の都度、この商品はなんの目的で買ったのかと登録させている。

ただ、それでは、買い物をするたびに、自分自身でサイトのデータを仕分けしなければならず、かなり煩雑な作業になる。企業同士が自社のCRM上の顧客データを共有することができれば、ひとつの解決手段になる。一カ所、仕分けや更新をすれば、他社のデータも更新されることになるからである。ただし、これは難しい。従来の企業の論理では、顧客情報は虎の子の情報であり、また場合によっては匿名加工を施し販売して収益にもできるのである。これを顧客や他企業と無償で共有するということは、なかなか判断できることではない。

しかし、情報が共有されることで、企業側にとっても、顧客の最新の属性情報を知ることができるというメリットがある。

例えば、引っ越しをしたという情報は、電気、ガス、水道などのインフラ事業者は即座に入手することはできるが、銀行、保険会社などには、なかなか入ってこないという。流通業も、ポイントカードで住所を把握しているが、「最近、うちの店に来なくなったなぁ」と思ったら、引っ越しをしていたなどということはあり得るし、場合によっては引っ越しした先で、同じポイントカードを利用され、「住所は変わらないのに、他地域の支店での利用が増えたな」という間違った分析が起こるのである。

これを、「ある会社に住所変更をしたら、つまり、Ｓｈａｒｅｄ ＣＲＭに変更がされたら、ほかの企業にも共有される」というのであれば、どうだろう。企業から見れば、最新の属性情報が手に入ることになる。家族が増えた、車を買った、転職したなどの情報も、このＳｈａｒｅｄ ＣＲＭに登録されるたびに各社が共有できる（もちろん、消費者自身が、その共有を許可した場合においてのみであるが）。このメリットと自社データの流出のどちらをとるのか。あるいは、これによって削減できるはずの広告費用と、データの販売による収益のどちらをとるのかということになる。

このＳｈａｒｅｄ ＣＲＭの機能を一般化したものが、情報銀行である。企業から見れば、情報銀行は「自社の顧客データを顧客と共有する」ものと考えるべきなのである。

これは、企業にとって、大きな決断を迫られることになる。しかし、これまで見てきたように、世界の流れはデータを活用する方向に向かっている。

ＧＤＰＲや「大阪トラック（安倍晋三首相が、２０１９年6月に大阪で行われたG20の会合で宣言したデータの自由な流通などに関するルール作り）」での検討によっては、データを保有することに価値はなく、むしろ、どのようにデータを活用するかについて、優位性を確保する時代になっていく。そうなるとデータは、公共財の性格を強めていくことになる。その時、企業経営において現金を保有しているだけでは成長を果たせず、現金をどの事業に投資し、利益を増大させるかを考えるように、データをどの事業で活用し、利益を上げていくのかということに注力をするべきである。

図20は、こうした情報銀行ビジネスを構成するプレーヤーをまとめたものである。

通常、企業は、左上の②データ保有企業のポジションにいる。これに対して、中下段に位置する⑦パーソナルデータ活用企業は、自社のデータのみならず、様々なデータを活用してビジネスを行う。これらの企業の間にあり、データを流通させるために必要になるのが、④パーソナルデータ流通基盤・NWであり、パーソナルデータを一元的に管理する⑥PDS（パーソナルデータストア）である。蓄積されたパーソナルデータに関して、その活用の方法をアドバイスしたり、よりよいサービスを提供してくれるサービス提供者を紹介したり、パーソナルデータを自社のデータとどのように連携すればよりよいサービスが提供できるかなどについてアドバイスをする、⑤活用提案企業が出てくるだろう。情報銀行は、この⑥PDSと④パーソナルデータ流通基盤・NWの一部、⑤顧客向けパーソナルデータ活用提案企業の機能を併せ持ったプレーヤーと考えていい。さらには、個人の許諾を得て、匿名加工を行い、製薬会社などに提供するなどの⑧データブローカーなども登場するだろう。ここでいうデータブローカーは、あくまでも個人の許諾を得て匿名加工を施した上で第三者に提供する事業者であり、いわゆる「名簿業者」のように、個人の明示的

図20 パーソナルデータ市場に登場するプレイヤー

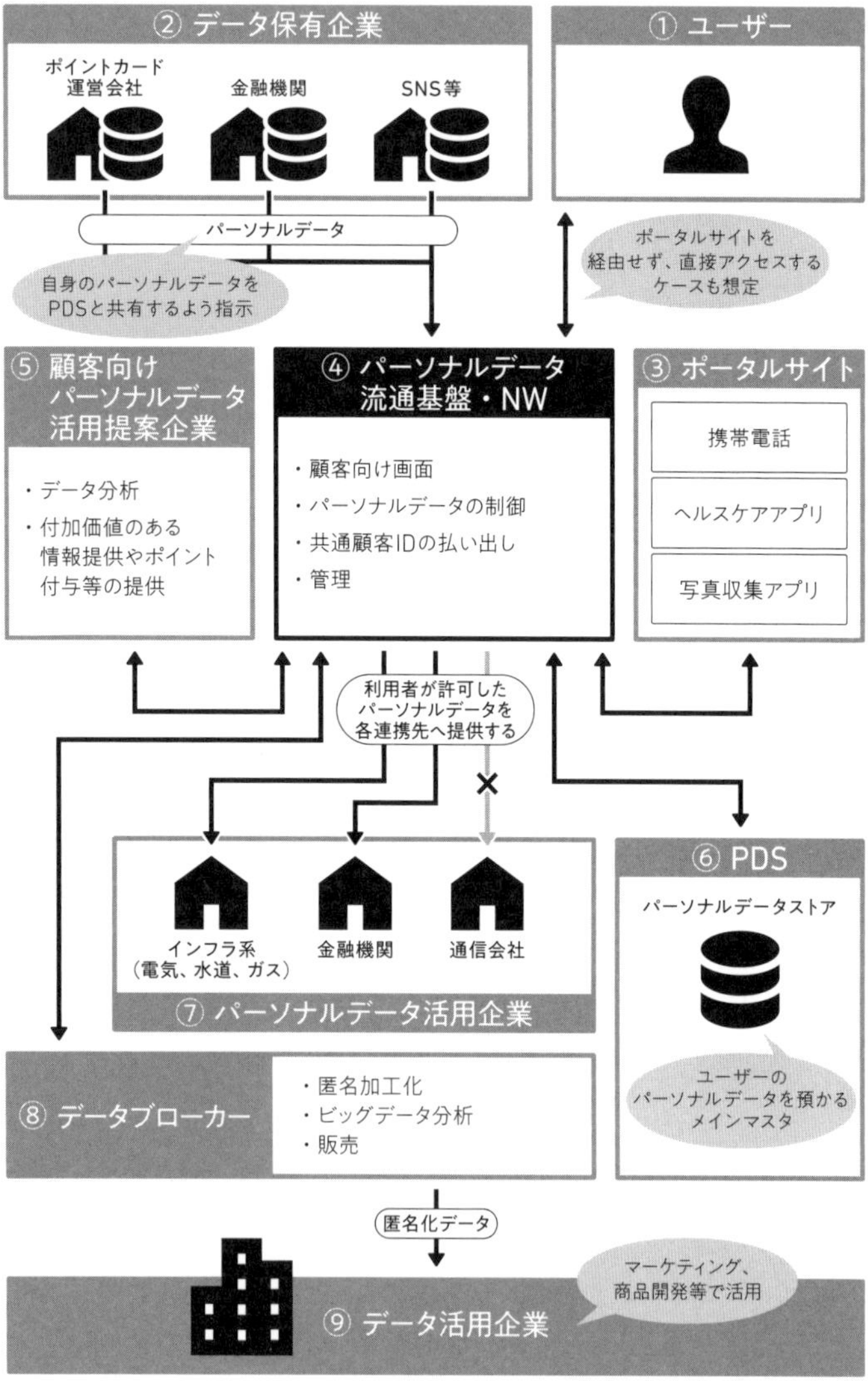

な許可なくデータを売り買いする事業者とは異なることを確認しておきたい。

## データを使ったビジネスモデル

この図から分かるように、データ保有企業は、それだけでは、データを情報銀行や顧客向けパーソナルデータ活用提案企業に取られるだけであり、データを販売しないかぎり、収益を上げるのは難しい。今後、日本においてもGDPRのような法整備がされ、データポータビリティ権などが認められると、データ保有企業は、パーソナルデータの販売はできなくなる。個人が無償でダウンロードして、無償で提供してしまうからだ。それならば、データを活用する側にまわり、どのように社内外のデータを活用して、顧客満足度を上げていくのか、ということに重点を置かねばならなくなるのである。

消費者にとっては、いいことずくめであるようなデータ活用、情報銀行ビジネスであっても、いざ、実現するとなると、いくつかの課題がある。

まず第一に、「データ保有企業がパーソナルデータを提供するインセンティブ」である。現在の日本では、GDPRのように、データ保有企業が顧客に対して「電子的に、無料で、求めに応じて」顧客データを提供するように義務付けられていない。企業からすれば、せっかく集めた顧客情報を無料で提供するメリットはない。しかもその提供のためのシステム開発などは、自社の負担で行わなければならない。NTTデータが調べたところでは、GDPRが施行された後のフランスにおいても、このようなシステムを提供できている企業は、まれであった。

実は欧州においても、なんらかのメリットをデータ保有企業側に認めさせなければ、パーソナルデータの流通は促進されないのではないかという意見も出てきている。私たちがインタビューを行ったフランス企業では、日本のデータ取引市場のような仕組みを設けるか、データ提供にあたっての手数料を得られるようにすべきではないかと、政府に対して、働きかけを始めていると回答があった。

なお、現在の日本では、個人が、企業から自らのデータを提供してもらう手段として、個人情報保護法に基づく個人情報開示請求というものがある。多くの企業は、開示請求に当たっては手数料の支払いを求めており、しかも電子的に提供されることはまれで、通常は、書面で提供される。もちろん、このような状態では、情報銀行に連携するのは容易ではない。しかし、QRコード決済サービス開始のような、数百億円もかけるキャンペーンが実施されれば、購買情報などが囲い込まれることになる。自分たちが持っている情報は流通されないと考えていた企業からすれば、コントロールできないところで顧客情報が流通することになる。それでもまだ、ありえない話として、片付けるのだろうか。それはできないだろう。

## データ保有のルールと真正性の担保

次に、「データ保有企業とパーソナルデータ活用企業のためのルールと技術」である。これまでの顧客情報を扱うシステムは、情報漏えいを防ぐことが最重要課題であり、データにアクセスする人を限定したり、できることを限定したりしながら、リスクヘッジする形で運用されてきた。ところが、情報銀行ビジネスは、これまで、大事に守ってきた顧客情報を、「流通させる」ことになる。果たして、簡単にできるのであろうか？

実は、企業、特に大企業が保有する顧客情報が一元的に管理されていることはまれで、商品・サービスごと、販売チャネルごとに管理されていることが多い。保険会社であれば、保険種別ごと、あるいは代理店ごとに管理されていたり、流通業であれば、店舗のポイントカード、ECサイトの会員情報などがバラバラに管理されていたりする。そのため、「私の情報を提供してほしい」と求められた場合に、その対応は簡単ではない。実際に、欧州の企業では、統一化された顧客データベースがないため、いわゆる「忘れられる権利（私のデータを削除してほしいという権利）」の行使を求められても、適切に運用できないと話す大企業の担当者がいた。私たちがヒアリングした限りでは、おおよそ6割の企業は、そうした準備ができていないと回答していた。日本でも同様で、まずは、社内の顧客データの正規化が必要になるであろう。

さらに、問題になるのは、顧客データを収集した場合に、どのような「個人情報取扱規程」を提示したのかという問題がある。消費者が、企業に個人情報を提供する場合、企業は、そのデータをどのように扱うのか、「個人情報取扱規程」というものに、提供先を明示して収集している。「マーケティング目的で第三者に提供します」と緩いものもあれば、「自社で、当該キャンペーン以外では使用しない」とするものもある。「はじめに」で示した例は、まさに、この「個人情報取扱規程」の盲点を突かれたものであるが、個人が情報を提供する際に、きちんと確認してリスクを把握しておけばいい話である。企業としても、集めるたびに異なる条件を提示している場合があり、「自社が持っている顧客データ＝自社が自由に使っていいデータ」とはいかない。したがって、単純に顧客データを正規化するだけではなく、どのような収集の仕方をしたのかも併せて把握しなければならないのである。

また、そのデータの真正性というのも重要である。たとえば、私がポイントカードを使って買い物をしたとき、そのポイントカードは本当に私が使用して、購買をしたのか。あるいは、登録されている私の属性情報（氏名、生年月日、住所などの情報）は正しいのか。データを扱う情報銀行は、そのデータが正しいことを保証しないといけない。その情報が、たとえば、新製品を開発したい企業に連携される際に、嘘の情報や誤った情報が含まれていたならば、企業としてはそのデータを信用した商品開発ができなくなるからだ。新薬の開発などにおいては、データの真正性はより重要である。本当に正しいデータなのかを企業が保証しなければならないとなると、データ保有企業の負担は大きくなる。

また、情報銀行からデータ提供を受け、その活用をする企業にも、課題は多い。現在の「情報信託機能の認定に係る指針Ｖｅｒ２．０」では、データの提供を受ける企業に対して、認定を受ける情報銀行は、「情報提供先における情報の利用範囲や取扱条件の制限に関する規定」を定めなければならないとされている。これが難しい。現状では、広く認知された一般的なルールではなく、各情報銀行が独自に定めることになっている。つまり、情報銀行が複数あれば、この規定も複数あることになる。データ提供を受けたい企業としては、自分が必要とする情報を得るために、複数の情報銀行から情報を取得することは普通で、そのためには、複数の規定に対応しなければならなくなる。同じようなデータを提供してもらうのであれば、おそらく類似した規定になるだろうが、それでも、それぞれ確認をしなければならない。これでは、データ提供を受ける企業の負担が大きい。情報銀行としても自社の責任において規定を制定し、提供先の認定をしなければならないので、いずれも大きな負担になる。

この状況を打開するためには、情報銀行に関する「情報信託機能の認定に係る指針Ver2.0」のように、データを保有する企業、データ提供を受ける企業、双方に関する指針が必要になる。特に、データ提供を受ける企業に対しては、厳格な責任を科す一方で、情報銀行ビジネスが浸透するためには、多くの企業に参加してもらう必要があるため、この矛盾する2つの事柄を、同時に満たさなければならない。さらに、これらの企業に対しては、ルールだけではなく、技術的にも情報漏えいが起きにくい仕組み、無許可での第三者提供をさせない仕組みが必要になる。例えば、その企業以外の企業では使えないようにする暗号化や、一定の期間が経つと、自動的に消滅するデータなどが必要になってくるだろう。現在の技術では、すべてではないが、暗号化したまま処理をする技術や、特定の場所でしか使えないデータなどは実用化されている。今後は、技術的にも制限がかけられることが、重要になってくるだろう。

そのほか、顧客に提示、あるいは情報銀行に連携する際に、どのようなフォーマットで提供すればいいのか、どのようなチャネル（インターネットか専用線かなど）で提供すればいいのか、などの技術的なレベルについても、あわせて検討をしなければならない。

最後に、こうした状況が整ったとしても、「個人がパーソナルデータを提供したくなるようなデータ活用サービス」があるのかという課題が残る。いくら、データ保有企業がデータを共有できるようになったとしても、個人がそれを提供したいと思わなければ、流通させるデータが集まらない。逆に、個人が、パーソナルデータを提供してまで使いたいサービスがあれば、企業へデータを提供するよう働きかけ、一気に、データ活用が進むことになる。事実、欧州でもこの点が話題になっており、魅力あるサービスを創るためのアイデアソン、ハッカソンというイベントが開かれている。しかし、残念ながら現時点で、個人を突き動かすいわゆるキラーソリューションと呼ばれるようなアイデアは生まれていない。

## 健康管理、創薬からフリーランスの支援まで

それでは、どのような個人向けサービスが情報銀行ビジネスとして成立するのであろう

か。

まず、一つは、「私のためだけ」のサービスであろう。具体的には、遺伝子情報や既往歴、最近の食生活などの情報を提供する代わりに、私にぴったりのサプリメントを紹介してくれたり、特別に作ってくれたりするサービス。あるいは日ごろの運動状況、食生活の情報などを提供すれば、私のためだけのフィットネスメニューを作ってくれたりするサービスである。これまでも存在していたが、さらに多くの情報を取り込むことにより、精度が上がり、内容も多岐にわたることになるのではないかと考えられる。

次に、社会貢献である。NTTデータが国内で行ったインタビューにおいて、こうした目的で自分のパーソナルデータが活用されるのであれば、提供することの心理的なハードルが下がることが分かっている。最近では、企業の側もSDGs(持続可能な開発目標。国際連合が定めた17のゴールの総称)への意識が高まり、様々な取り組みをしている。個人の側でもそうした企業への共感であったり、自らもそうした活動を行うためだったり、様々な形で、アクションをとる機会が増えている。

パーソナルデータを活用するサービスとして、どのような社会貢献が考えられるか。一番最初に思い浮かぶのは、創薬に関するデータ提供である。もっとも、創薬においては、個人が特定されることはないので、必ずしも情報銀行のスキームが必要なわけではない。しかしながら、非常に珍しい病気などの場合は、匿名であったとしてもある程度提供者が想定できてしまうので、個人から明示的に許諾を得て、提供する情報銀行のモデルが適している。

食料廃棄の削減などには、比較的容易に適用ができそうである。私たちが普段どのような食事をしているのか。その日はどのような予定があるのか。自らの趣味、嗜好の情報などが登録されていて、その日のその近辺での天気、イベントなどの情報から、食品スーパーなどが、食品の仕入れやお惣菜の提供をコントロールしたりすることが考えられる。店の近隣で翌日に運動会が控えている場合は、お弁当の具材になりそうな食品にニーズがある一方、当日の昼のお弁当は売れ行きが下がる可能性がある。その夜は、お惣菜が売れる可能性が上がる。現在も行われているこうしたマーケティングの精度が飛躍的に上がるであろうし、それにより食料廃棄が減るというのであれば、個人からの情報提供の心理的なハードルは低くなる。

最後に、自分自身がビジネスをするために使うことである。これまで想定されてきた情報銀行ビジネスのほとんどは、個人が情報を提供し、企業がサービスを提供することで、お互いがメリットを享受するというものだが、どちらかというと、企業にとってのメリットが大きい事例が多かった。しかし、必ずしも企業だけを利するわけではない。

いわゆるＭｅ ｔｏ Ｃの世界では、自らの情報を提供することで、自分のビジネスになることが想定される。たとえば、縫製工場での勤務経験があり、現在は子育ても終わり仕事を再開しようとしている女性がいたとする。彼女が自らの経験を開示することで、子供のお遊戯のための衣装を作ってもらいたい共働きの親から、衣装の作成を依頼されることが期待できるだろう。大企業の財務部門に長年勤務し、リタイアした男性が、その経験を開示することで、これから起業したい若者から企業の財務的な運営についての相談を受けたりすることが考えられる。すでに士業として仕事をしている人もいるだろうが、もっと身近に、もっとかゆいところに手が届くようなビジネスの形態が考えられるのである。

このように、これまでとは違う形での企業との付き合い方、個人と個人の結びつき方が増えていくのと相まって、パーソナルデータを活用するビジネスというものが増えていくように思われる。どちらが先ということではなく、社会的なムーブメントとしては、同時並行的に進行するのではないだろうか。

## 情報銀行ビジネスは急速に進化する

まだ、本格活用が始まっていないのだが、情報銀行の発展過程について、考えてみたい。現在の、情報銀行ビジネスの黎明期をゼロ世代と考える。これから、数年のうちに、たくさんの情報銀行が立ち上がり、パーソナルデータを活用するビジネスが、大小さまざまに立ち上がるであろう。おそらくこの時点では、多くのパーソナルデータ活用企業は、複数の情報銀行から情報をもらうという状況になる。一方で、個人の側は、1カ所に自らのデータを集める人もいれば、目的ごとあるいはデータの種別ごとにデータを分散管理する人もいるだろう。日本政府は、プラットフォーマーを規制する方向にあり、大きなプレーヤーが独占的にパーソナルデータを保有、活用することを嫌うはずだ。したがって、ゼロ世代においては、様々な情報銀行が立ち上がり、個人側は、どの情報銀行が自分の目的に合致するのか、検討をして、選択するという状況になる。しかしながら、まだ情報銀行やデータ活用サービスを利用するのは、一部のいわゆるアーリーアダプターとされる層で、こうした先進的な取り組みに関心がある層に限られる。

続く第1世代においては、情報銀行やデータ活用サービスが認知され始め、データ活用企業も増えてくる。データを活用する企業としては、多くのユーザーのデータが欲しいが、そのデータが蓄積されている情報銀行ごとに、異なるルールでデータを提供されたり、新たに情報銀行と連携するたびに、その情報銀行が定める審査基準を満たしていることを証明したりしなければならないというのは、手間がかかる（現在の情報信託認定において、情報銀行は、パーソナルデータ活用企業と契約を結び、データが安全に活用されていることを保証しなければならない）。そのため、こうした情報銀行とパーソナルデータ活用企業、あるいは情報銀行と情報銀行を接続するハブのようなものが出てくるだろう。パーソナルデータ活用企業からすれば、このハブにアクセスすれば、欲しい人の欲しいデータにアクセスできる。また、ある情報銀行を利用していたが、違う情報銀行に乗り換えたい場合、あるいは、2つの情報銀行に目的別に管理していた情報を、必要に応じて統合して提供したい場合、情報銀行が相互に連携できている必要がある。このような状況においても、このハブが相互接続を行えば、個人にとって、スムーズに利用ができることになる。

なお、これらのハブについては、単純なデータ連携を支援するだけではなく、一部の情報銀行業務を委託に基づき実施することもあり得る。本人認証、本人同意、データ連携の履歴など、ハブ側で実施したほうがいい内容、共通的な内容については、ハブがその機能を持つということはありうる。いずれにしても、第1世代においては、こうしたハブの機能が、バラバラに立ち上がった情報銀行やデータ活用サービスを整理し、より使いやすいものにしていくことは間違いない。こうした世界は、おそらく2025年くらいには訪れると考えられる。

第2世代においては、さらに利用者が増え、いわゆるレイトマジョリティーと呼ばれる人たち（新しいことに、すぐに飛びつくわけではなく、しばらく様子をみて、確信が持てたら利用を始める人たち。もっとも多くの人がこの分類に当てはまる）も、情報銀行関連サービスを利用するようになる。ここまでの情報銀行サービスの実践から、情報銀行側はデータ活用に関するマネジメントスキルを向上させ、こうしたレイトマジョリティー層に対しても、十分な支援ができるレベルまでノウハウの蓄積がされていると考えられる。この機能は、「情報信託機能の認定に係る指針ver2．0」において示されている情報銀行の情報信託機能の重要な機能であり、利用者に、いかに安心・安全にパーソナルデータ活用をしてもらうのかということに関する支援になる。逆に言えば、この段階において、そうしたサービスを提供できない情報銀行は、利用者に選択されなくなり、淘汰されていく。

この世代になると、パーソナルデータ活用側の企業の考え方も変化してくる。これまでデータを囲い込み、顧客を囲い込もうとしていた企業が、データは公共財であるという考えのもと、データを活用した顧客により密接したサービスにより、顧客ロイヤリティーを獲得して、顧客との関係を築いていく。

これからの時代、付加価値が高いと評価されるのは、パーソナルデータを活用した製品、サービスとなるのは明らかだ。顧客もその価値を認め、相応の対価を支払うことになる。結果として企業は、既製品とオーダーメイドに二極化されていくのではないか。その片鱗はすでに現れている。あるシャツメーカーでは、これまでのようなサイズ展開をする製品は海外の人件費の安いところで製造し、安く市場に提供する。一方、オーダーメイドによる製品は、国内工場で製造し、より緻密に早く製品が提供できるようにしている。オーダーメイド製品は、高い価格設定であったとしても、利用されているという。

次の第3世代において、状況は大きく変わってくる。第2世代から第3世代までにおそらく10年くらいの年月が必要であろう。先日、あるベンチャー企業の関係者と話をしたとき、その企業が提供するＡＩ（人工知能）は、過去10年の市場のデータを活用して生まれたと言っていた。つまり、10年、情報銀行にデータが蓄積されれば、そのデータを「融資する」ということができる。これまでのビジネスにおいては、銀行が資金を融資して、企業は工場を造り、販売チャネルを整理し、売上を増やしてきた。同じように、情報銀行から過去10年分のデータを〝融資〟してもらい、それを使ってＡＩを育成し、売上を増やす。情報銀行や株主には、データを提供してもらった代わりに、利息あるいは配当という形で、金銭で返していく。

現在の情報銀行の議論において、「パーソナルデータを販売して、金銭に換える」という視点があるが、それはあまりうまくいかないと考えている。先に述べたように、価格の折り合いがつかないし、「パーソナルデータを提供して、サービスを受ける」ということについて理解が得られたとしても、「パーソナルデータを販売する」という考え方はなかなか浸透しないのではないかと思うからだ。しかし、「パーソナルデータの融資」という考え方であれば、間に情報銀行が入ることで、カネ儲けのために情報を提供する行き過ぎた情報提供を防ぐことができる。

もちろん、「パーソナルデータの融資」という考え方が理解されるには、個人の消費活動に関する考え方が変わらなければならない。これまで、個人が製品を購入、あるいはサービスを受けるときは、その対価として、金銭を提供するという考え方で、消費活動を理解していた。これに対して、情報銀行が始まる世界においては、「金銭とともに、データを提供する」という意識が必要になる。

どういうことか。これまでの消費活動は、消費者が支払った金銭を、企業側は投資に回して、製造ラインを拡大したり、新しい販売チャネルを開拓したりして、さらに販売数を増やす、売上を増やす行動をとっていた。

今後は、こうした金銭による拡大生産だけではなく、提供されたデータによるマーケティングの高度化、ＡＩの高度化などがなされ、売上拡大が行われるのである。たとえば、ＡＩによるタクシーの配車サービスを行っている企業があるとする。アプリを使って、消費者がそのタクシーを使うたびに、売上として、タクシー会社に金銭が支払われると同時に、私という個人がそのタクシーを、いつ、どこからどこまで、どのような状況下で利用したのかという情報が蓄積される。それを使って、ＡＩはより予測などの精度を上げ、さらに便利になり、利用者を増やしていく。ただ、安いから、そばにいたから、という理由だけではなく、「利用することでデータを提供し、その企業を育てている」という認識を持つことが必要になってくる。こうした考えの延長線上に、「パーソナルデータの融資」という考え方があり、情報銀行がそれを提供していくということになるのであろう。

ここまで、ゼロ世代から、第３世代まで、情報銀行の変遷を予測してみた。パーソナルデータに対する個人の認識が変わり、企業の認識が変わり、そして、情報銀行の本来の役目にまで至る道筋である。実は、情報銀行の普及、浸透によって、変わるものがまだある。それは、「データの意味」と「私たちの働き方」である。

## データの意味と働き方が変わる

まず、「データの意味」について。

実はこれまでのパーソナルデータの扱いでは、どちらかというとデータの管理と流通に主眼が置かれてきた。私が私のデータを管理する。そして、それを流通して、活用してもらう。それ自体が、これまでにはなかった考え方であり、大きな社会変革である。さらに、それが進んでいくと一つの疑問が生じてくる。「このデータが持つ意味は、何なのか」ということである。

私がスーパーで、ある銘柄のビールを買った。これまでのPOSデータは、それだけである。私がどういう思いでそのビールを買ったのか、このことについては、どこにも記録がないのである。「安かったから」、「好きな銘柄が売り切れていたから」、「お店で勧められたから」など、購買にもいろいろな理由があるはずだが、記録がないので、メーカーや販売店は把握ができなかった。しかし、安かったからという理由で買われたビールは、次回、ほかの製品がもっと安く売られていたら、買われないかもしれない。好きな銘柄が売り切れだったから買われたビールは、次回、その銘柄の在庫があれば、買われないかもしれない。そこを見誤ると、間違って製品を評価することになり、製品自体が持つ実力を測定できない。結果、売上が伸びないということになるのである。

また、我が子が「私が食べたいハンバーガーが、キャンペーンが終わってなくなってしまった。復活してもらいたいけど、どうすればいいんだろう」と聞いてきたとする。もし、企業にこのメッセージが届いていたら、そして、そのメッセージがある程度まとまっていることが分かったとしたらどうだろう。企業は、その消費者のロイヤリティーを確保できたかもしれない。「今日買ったハンバーガーは、大好きだから買った。でも、昨日食べたハンバーガーは、好きなメニューがなかったので、仕方なしに買った」という具合に、個人の購買データに意味づけができたら、企業と個人のコミュニケーションも変わり、製品提供の仕方も変わるかもしれない。

一方で、すべての購買データに一つ一つ、意味づけをしていくのは大変だ。おそらく大概の購買は、なんとなく買っているものが多く、それを記録していくのは個人にとって負担が大きい。ましてや、回数が多かったり、時間がなかったりして、記録するのは心理的なハードルが高い。

そこで、AIの登場である。ある一定の期間、学習をさせることで、以降の購買については、自動で意味づけをしてもらう。月に一度くらい、その結果をレビューして、さらに精度を上げていく。こうすることで、本人の負担を極力軽くしながら、データの意味づけを行っていく。

実は、欧州ではMyAIという形で、これらを実現しようという構想がある。どちらかというと、私のパーソナルデータの管理を任せるという使い方であり、たとえば、アパレルメーカーから、「あなたは、こういう服が好きではないですか」と問い合わせを受けると、MyAIが本人に代わって過去の購買データや趣味嗜好を踏まえて「いいえ、好きではありません」と返すようなものが想定されており、聞いてみないとわからない、というマーケティングの本質的な部分を、ズバリ解決するやり方である。「一人に一つＭｙＡＩの時代」というのが来るのかもしれない。

次に、「働き方が変わる」ということである。パーソナルデータを流通させると、働き方が変わる、一見結びつきそうもないことに大きな可能性がある。「自分が売上を上げる」ということが実現できるのである。

私たちが想像しているパーソナルデータ活用のシーンとして、「退職者が自らの勤務履歴を提供することで、定年退職後の職を得る」というものがある。

企業の中での実績というものは、企業の営業上の秘密であったり、その企業でしか通用しないものがあったりして、なかなか社外には出てこない。もし、こうした情報を、パーソナルデータとして流通させることができたら、定年退職後の職選びは幅が広がるはずだ。大規模プロジェクトのプロジェクトマネージャーの経験がある、というだけではなく、なんというプロジェクトで、どんな難易度で、どんな技術的なアドバンテージがあるプロジェクトだったのか、という情報が流通するのであれば、個人の評価がより正当に行われ、適した職に就くことができる。当然のことながら、それは定年退職者だけではなく、転職のシーンでも活用できるはずだ。もちろん、企業からしてみれば、自社の秘密が漏れることになる。前提として、企業が他社からも情報の提供を受け、経験者採用において活用できるということにメリットを認識するか、あるいは「個人の情報は個人に還元されなければならない」というGDPRのような規制が必要と考えるかもしれない。

しかし、これもすでに現実化しつつあるのだ。システム開発の現場では、クラウドソーシングという形で、個人の技術者とともに開発を進めることがある。おそらくほかの業態よりも、こうした取り組みが進んでいる。古くはLinuxというオープンソースが、組織として開発されたのではなく、個人の開発者が連携して開発されたように、個人の開発者をその期間だけ契約して、開発に携わってもらうという形である。Linuxの成功も含め、こうした取り組みは一定の成果を出している。これまでよりも多くの人が、こうした働き方ができるようになるのではないかと思う理由である。

個人の実績が、情報銀行に蓄積され、それを見た企業からオファーが届く。いわゆるフリーランス的な活動の仕方が、情報銀行の発展に伴い、拡大していく。こうなると、個人と個人のビジネス、個人と企業のビジネスが盛んになり、消費者としての個人ではなく、事業主としての個人が情報銀行を活用してビジネスをするということになっていくだろう。そして、在宅のまま勤務するとか、育児期間は仕事量をセーブするとか、東京ではなく地域で仕事をするとか、情報銀行が、様々な働き方が生まれるプラットフォームになるのではないだろうか。

いずれにしても、情報銀行関連ビジネスは、まだ始まったばかりであり、個人と企業が対話をしながら進めていくものである。そこには、行政が制度やガイドラインを整備して、支援をしていくことも求められる。そして、情報銀行関連ビジネスは、社会のインフラを変える力と魅力を備えており、新しいビジネスを創発するとともに、新しい働き方、新しい企業と消費者の付き合い方を実現していくことになるだろう。こうした関係性が、おそらく今後の少子高齢化が進む日本において、持続可能な社会を実現することになるのを期待している。

私たちはそういう社会を、子供たちのために残していかなければならない。

# 終わりに・謝辞

情報銀行ビジネスが、なぜ、日本に必要なのか。おそらく、日本が持続可能な社会として今後も存続していくためには、データを活用した効率的な社会運営が求められるからであり、情報銀行は、これまで銀行が産業革命において果たしてきた役割と同じものを果たすことを期待されているのだと思う。私たちは今、そういう社会変革の時代において、新しいインフラの創発に携わることができることに喜びを感じている。

まずは、こうした喜びをともにし、ともにその社会実現のために働いている、株式会社ＮＴＴデータ金融事業推進部デジタル戦略推進部の情報銀行・ＤＣＡＰのチームメンバーたち（角谷恭一、峯村圭介、杉原隆一郎、篠田悟史、西山彰人、志賀江里子、高岡和矢、齊藤華子）、そして、この本ができあがる直前まで参画してくれた立元優美に、心から感謝を伝えたい。また、歴代の金融事業推進部長である、鈴木正範・執行役員事業戦略室長、黄檗《きわだ》隆・金融ＩＴＭ事業部長、稲村佳津子・執行役員第二金融事業本部長、山本確《たしか》・金融事業推進部長、そして、小島裕久・金融事業推進部ビジネス戦略部長、小糸健史・金融事業推進部デジタル戦略推進部長、残間光太朗・オープンイノベーション事業創発室長には、一見無謀とも思えるこの取り組みについて、資金の援助と時間を与えていただき、誠に感謝している。

また、社会基盤ソリューション事業本部ソーシャルイノベーション事業部ソーシャルビジネス統括部の藤本洋史統括部長、藤田裕介部長、江島正康課長ほか、チームメンバーには、社内でパーソナルデータ案件を立ち上げたときに、いの一番にソリューションの検討をしてくれ、ともに新しいソリューションの産みの苦しみを味わいながら、今もプロジェクトを推進してくれていることに感謝している。同じ公共分野からは、公共・社会基盤事業推進部社会デザイン推進部社会デザイン推進室の山田英二課長には、プロジェクトに様々な視点からアドバイスをいただき、感謝している。金融分野では、最初の受注案件を実現してくれ、その後の検討を飛躍的に向上させてくれた第四金融事業本部金融グローバルＩＴサービス事業部のプロジェクトメンバーにも、感謝を伝えたい。こうした取り組みがＮＴＴデータの将来において与える影響は大きいと自負している。

さらには、こうした取り組みを全面的にサポートしてくれた株式会社ＮＴＴデータ経営研究所の大野博堂《ひろたか》・金融政策コンサルティングユニット長には、サポートメンバーを用意していただいた。実際に、プロジェクトに加わっていただいた前田幸枝・マネージャー、戸田幸宏・シニアコンサルタント、鈴木聡史・シニアコンサルタント、松川あゆみ・シニアコンサルタントには、海外出張や資料の作成などにおいて、私の無理難題を実現するために奮闘してくれたことに感謝している。

なにより、本を出す、執筆するという作業に不慣れな私たち執筆チームを、ここまで導いてくれたダイヤモンド社の千野信浩氏には、言葉では言い尽くせないほどの感謝をお伝えしたい。

最後に、海外視察などのために、度々不在にしてしまい、苦労をかけた娘・美羽に感謝を伝えたい。彼女の存在が、このデータ活用による持続可能な社会を創りたいと考えさせてくれ、さらに、「ハンバーガーの話」などのインスピレーションをくれた。改めて、感謝を伝えるとともに、もう少し、父に新しいインフラ創発のための時間を与えてほしいと願って、締めくくりとしたい。

## 執筆者リスト


はじめに、第1章、第5章、終わりに・謝辞…花谷 昌弘（NTTデータ）

第2章、第3章…前田 幸枝（NTTデータ経営研究所）

第4章

シミュレーション1 子育て…峯村 圭介（NTTデータ）

シミュレーション2 暮らし…志賀 江里子（NTTデータ）

シミュレーション3 オフタイム…前田 幸枝（NTTデータ経営研究所）齊藤 華子（NTTデータ）

シミュレーション4 就職・転職…篠田 悟史（NTTデータ）

シミュレーション5 サービス…篠田 悟史（NTTデータ）齊藤 華子（NTTデータ）

シミュレーション6 健康…戸田 幸宏（NTTデータ経営研究所）

シミュレーション7 金融…松川 あゆみ（NTTデータ経営研究所）


## 参考文献


『パーソナルデータの衝撃』（城田 真琴 著　ダイヤモンド社　2015年）

『インテンション・エコノミー』（ドク・サールズ著　栗原 潔 訳　翔泳社　2013年）

［編著者］

**花谷昌弘**（はなたに・まさひろ）

株式会社NTTデータ 金融事業推進部 デジタル戦略推進部 部長

1996年NTTデータ通信株式会社（当時）入社。1996年～2004年まで、主にシンガポール、マレーシアでの海外事業に携わる。2009年より、マイナンバーに関する社内での新規ビジネス創発を主導。2016年より、パーソナルデータビジネス、ブロックチェーンビジネスなどの新規ビジネス創発を主導し現在に至る。2018年内閣府 総合科学技術・イノベーション会議 データ連携基盤サブワーキンググループ委員。MyData Global会員

**前田幸枝**（まえだ・ゆきえ）

株式会社NTTデータ経営研究所 金融政策コンサルティングユニット マネージャー

2003年株式会社NTTデータ経営研究所入社。大手銀行や大手保険会社等のBPR、ITグランドデザイン策定などに従事。2015年から2016年にかけ、金融機関におけるマイナンバー導入に向けたコンサルティング支援を行う。また、2016年からパーソナルデータの流通・利活用に着目し、大手IT会社、大手銀行などに対し、情報銀行等のパーソナルデータ流通・利活用関連の新規ビジネス創発に向けたコンサルティング支援を行っている

**情報銀行のすべて**

2019年11月13日　第1刷発行

編　著――花谷昌弘・前田幸枝
発行所――ダイヤモンド社
〒150-8409　東京都渋谷区神宮前6-12-17
http://www.diamond.co.jp/
電話／03·5778·7235（編集）　03·5778·7240（販売）

校正――――藤原史比古（ヴェリタ）
ブックデザイン―青木 汀（ダイヤモンド・グラフィック社）
製作進行――ダイヤモンド・グラフィック社
印刷／製本―ベクトル印刷
編集担当――千野信浩


ISBN 978-4-478-10927-4

## 本書の内容についてのお問い合わせ先

株式会社NTTデータ

TEL 050-5546-7825
pds.contact@kits.nttdata.co.jp

株式会社NTTデータ経営研究所

TEL 03-3221-7011（代表）
webmaster@nttdata-strategy.com